朝日新書
Asahi Shinsho 318

平常心のレッスン

小池龍之介

朝日新聞出版

まえがき

仏道《ぶつどう》とはひとことで申すなら、苦しみを減らす方法論です。「四苦《しく》＝生老病死《しょうろうびょうし》」や「一切皆苦《いっさいかいく》」など、釈迦は言葉を換えながら、繰り返し、この世界に生きることは苦しみに充《み》ち満ちていると教えます。その苦しみの仕組みを見抜くことで、苦しみを減らすことが仏道の修行の目的なのです。

この本を手に取ってくださった読者は、はたしてどの程度の苦しみを感じていらっしゃるでしょうか？　ときどき苦しいこともあるけれど苦あれば楽ありで、そんなに苦しくはないよ、という方が多いかもしれません。あるいは、生きるのが苦しくて苦しくて、というかつての私のような方もいらっしゃるかもしれません。

いずれにしましても、はっきり申し上げられるのは、仏道の教えや実践的な方法としての瞑想《めいそう》を学ぶことで、苦しみは実践的に減らすことができるということです。

苦しみの正体について詳しくお話しするのは本文に譲りますが、苦しみを減らすためには、平静さすなわち「平常心」が、一つの大事な鍵となる、と私は考えております。

何に取り組むときであっても、先を急がずゆったりとしていて、多少の成功・失敗に心が揺らがない、一喜一憂しないこと。その平常心が基礎にあれば、私たちは多少の浮き沈みに一喜一憂せず、コツコツとこの人生の道のりを歩んでゆくことがかなうのです。

逆境に立たされてもイライラしたり、凹《へこ》んだりしないこと。あるいは何かを成し遂げたり、手に入れたりしても、過剰に喜んだり興奮しないこと。心の振れ幅はあるにしても、怒っても喜んでも、ふたたびニュートラルで凪《な》いだ心へと戻れる、心の柔軟性。平常心が少しずつでも身についてくるなら、苦しみは減り、穏やかで幸せな淡々とした日々が、自然に訪れます。

それでは、仏道が教える苦しみの意味を学び、平常心を身につけるためのレッスンを一緒に始めましょう。

また、本書は、朝日カルチャーセンター新宿教室で五回にわたって行った講義「仏道

式　平常心のレッスン」を、簡略に要約して一冊の本へとまとめあげたものです。それにあたっては講座担当の磯野昭子さんならびに朝日新聞出版の三宮博信さんにお世話になりました。記して感謝いたします。

合掌

二〇一一年一〇月

小池龍之介《こいけりゅうのすけ》

平常心のレッスン　目次

2章 なぜ、人を嫌いになるのか？

——仕事、友人、家族との疲れないつき合い方

3章 喜怒哀楽を、お釈迦さまはどう教えているか ——仏道式・感情コントロール 85

4章　生老病死に平常心で臨む
――死を受け容れるレッスン　155

5章　平常心を身につけるための日々の習慣　199
――焦らず、諦めず

1章　なぜ、平常心でいられないのか？

——「プライド＝慢」とのつき合い方

「平常心」から連想する言葉

みなさんは「平常心」と聞いて、どのような言葉を連想されることでしょうか？　平常心という言葉がどのような内実を持っているかを探ることから、本書の話を始めたいと思います。

「反応しない」
「物事に過剰に反応しない」

平常心をこのように捉えることもできるでしょう。何かが起きたときに、すぐに、あるいは必要以上に「反応」してしまう。このような状態では平常心とはいえません。

「捨てておく」
「捨《しゃ》」

これは、何か物事が起きたときに、その物事を「拾い」にいく心の動きに反して、取りあえずは「捨てて」おく、あるいはそのまま「置いて」おく、ということです。すぐに拾いにいかずに、ワンクッション置く、ということですね。仏道の言葉ではこれを「捨」といいます。

「平静さ」

平常心は、静かさも連想させます。心身共に、静かでしんとしている状態。あるいは、たとえ周りが騒々しくとも、その人だけは静謐《せいひつ》な佇《たたず》まいをたたえている。そんな光景も目に浮かびます。

「受容」

これも私が平常心という言葉から連想するキーワードの一つです。いま目の前で起きていること、あるいは自分の心のなかで起こっていること、つまり、嫌いな上司が目の前に座っている、腹が立っている、傷ついている、イライラしている、調子に乗っているといった「状況」を、ジタバタせずに受け容《い》れるということです。「ああ、こういう状態なんだなあ」と。

人は往々にして、自分の思い通りにならない状況や、自分が嫌いな物事を目にすると、心を乱し、早くその状態から脱したいともがくものですが、受容するということは、そういったことを、いったんすっと受け止めるということです。

「ありのまま」

ありのままのあなたでいいんですよ、などと言われると、若干胡散臭《うさんくさ》さも覚えてしまうかもしれませんが、物事を「ある」ままに、「そのまま」にしておく「ありのまま」ということも、平常心には大切な要素であろうと思われます。「ありのまま」が受け容れられない、受け容れたくないから、自分の頭のなかの妄想で現実とは異なる願望を抱いて、現実の他人や自分を責めたりする。あるいは、その場から逃げ出してしまう。そこには、心の動揺があります。それに対して、「これはこれでしょうがないな」「この人は、こういう人だから受け容れるしかないな」と、あるままに受け容れてゆくとき、心は落ち着くのです。

「落ち着き」
「動じない」
「揺るがない」

何かよくない事態が起きたとき、ピンチのときにこそ「平常心」が欲しいと考える人は多いでしょう。落ち着いて、動じず、揺るぎない態度で対処する。そのような平常心を心に定着させたいと思って、本書を手に取ってくださった方も多いかもしれません。

「執着する」ということ

このように「平常心」という言葉から連想されることを書き連ねてみますと、おぼろげながら平常心の輪郭が見えてくる気がいたします。

それでは次に、平常心を失わせるもの、平常心とはもっとも程遠いものは何か、ということを考えてみましょう。

先ほど述べた「捨」という態度、すなわち「捨てておく」というものの対極にあるのが「執着」です。

人は自分が執着していることについて、人から褒められたり、けなされたりすると、それを「捨てておく」ことができないのです。裏返して申せば、自分が執着していないことであれば、「人の評価」はさほど気になりません。

たとえば、私は自分が運営しているウェブサイト「家出空間」に、イラストを使った四コマ漫画を描いて載せたりしています。このイラストを人から、「あんまり上手じゃないですね」と言われたとしても、「いやはや、幼稚な絵でしてね」と笑うだけのことで、気にはなりません。それは私自身が、自分のイラストに対して、そんなに「執着」していないからです。元々、絵の専門家ではありませんし、自分でうまいとも思っていないので、イラストに対する評価が気にならないのです。

ところが、これが芸術大学や美術大学を出て、絵に自信とこだわりがあるような人の場合、絵に対する人からの評価に平静ではいられません。平常心をかき乱されてしまいます。

そういった人が褒められた場合、心は気持ちよくなります。その快感に味を占めて、もっともっと褒められることを欲します。より大きな賞賛を欲しますし、より多くの人から褒められたいと思うようになっていきます。なぜなら、味を占めた心には「耐性」が生じてきますので、これまでと同じような褒められ方では、心が満足しなくなるからです。快感を感じると脳のなかで放出されるドーパミンという物質が、それまでと同じような褒められ方によって分泌《ぶんぴつ》されても、それを感じる神経細胞の受容体《レセプター》に耐性がついてしまうため、前ほど心地よくなくなり、かえってイライラしてきます。そして、「もっと」となる。たとえば眠れない人が睡眠導入剤を服用する場合、何回も繰り返して服用すると、その薬に対する耐性がつくため、同じ量では効かなくなって、より強い薬が必要になるような状態です。

そしてまた褒められることに慣れていくと、反対に褒められないこと、批判されることについて、どんどん傷つきやすくなります。

「この絵どう思う？」

「良いんじゃないの」

といった反応では満足できませんし、「イマイチだね」などと言われようものなら、激しく落ち込んでしまいます。

そうやって「執着」が進んでいくと、「絵」、あるいは「絵画」という情報にとても過敏になっていきます。他人の会話が耳に入っていないときでも、「え」「かいが」という単語だけが突然耳に入ってくるような状態です。わかりやすい例でいえば、人は自分の名前には慣れ親しみ、「執着」があるものですから、カフェでお茶をしていて隣のテーブルに座っている赤の他人の会話のなかに自分の名字や名前が混じっていると、自分には関係がないはずなのに、ハッとしてついそちらに意識が行くような状態に似ています。

心のパターン化

このように執着というのは、特定の反応様式へと「心がパターン化」することでもあります。執着していることに対しては、心が落ち着いていられず条件反射的な反応を起こしてしまうため、平常心を失ってしまうということ。

執着＝心のパターン化

・執着していることを、褒められる→快楽→もっと褒められたい
・執着していることを、けなされる→苦痛→激しく傷つき、落ち込む

この快楽と苦痛はコインの裏表です。執着が増し、快楽ばかりを追い求めていくと、その裏側にある苦痛も増大していきます。強い快楽には、強い苦痛が伴うのは必然で、「快」が心に刷り込まれるほどに心が甘やかされたぶんだけ、私たちはちょっとした「苦」に激しい不快感を感じるようになるものなのです。快楽には副作用としての苦痛

がつきまとう、ともいえます。

これは、平常心とは程遠い状態ですね。最初は絵を描くことが純粋に、単純に好きだった人が、その行為への執着を深めるにつれて、絵を他人に見せることに快楽を感じるようになり、人の評価を追い求めるようになってしまう。絵に対する「評価」に執着することによって、平常心と対極の不安定な状態に陥《おちい》ることもあるのです。

人それぞれの「条件反射」の癖

これは、ある種の躁《そう》うつ的な状態ともいえます。褒められれば、気持ちよくなって有頂天になりますが、少しでも否定されると、ズドーンと落ち込んでしまいます。この快楽と苦痛のジェットコースターに乗り込んでしまっている人は案外多いものです。

人それぞれ執着するものも違いますし、執着の仕方も違います。

たとえば、世間には一生懸命仕事をしている人は多いと思いますけれども、そうやって労力を投入すればするほど、周りからも認められるようになり、「仕事ができる自分」への執着が生まれてきます。

仕事がうまくいっているときは有頂天になったり、傲慢《ごうまん》になったり、生意気になったりする人もいるでしょう。そうして「仕事ができる自分」への執着が強くなると、反対にちょっとでもうまくいっていないときの落ち込みはひどくなってしまいます。成功に執着することはある意味、あとで落ち込むのを準備しているようなものなのです。

このように執着していることについては、「成功」や「失敗」が起きるつどにある種のパターン化した「反応」が心のなかに、自動的に起きることがわかります。先ほど平常心とは「反応しない」「物事に過剰に反応しない」ともいえると申しましたが、それとは正反対の状態ですね。心の反応がパターン化してくると、それは個々人特有の「条件反射」のようになっていきます。

そして、「条件反射」には二つのものがあります。

一つは、自分の外部、周りで起こっていることに対する反応です。見えているもの、聞こえていること、香りや臭《にお》い、味、暑い寒い、それらに対して人それぞれ、気持ちが良い、気持ちが悪いという反応をします。「視覚、聴覚、味覚、嗅《きゅう》覚、触覚＝五感」が感じ取ったものについて、嬉しくなったり不愉快になったりの反応をするという条件反射です。

もう一つの条件反射は、「自分の考え、執着」に対する内的な条件反射です。実はこの条件反射のほうが、五感に対する条件反射より、より強固で強烈なパワーを持っています。

先ほど例に挙げた「仕事ができる自分」でこの条件反射を考えてみます。仕事ができると考えている人は、常に自分が一二〇パーセントのパフォーマンスをし続けることに執着しています。ですから、「今日は三つも仕事をした」という事実に対しては、すぐに「やっぱり私はできる人間だ、素晴らしい!」と条件反射します。

一方、自分のイメージ、予想の八〇パーセントしか仕事ができなかった日があったとします。「仕事ができる自分」への執着がなければ、今日は予想の八〇パーセントしかできなかったけど、まずまずだなという感じで終わるところを、執着が強い人は「こんなことではダメだ。こんな自分ではダメだ」という条件反射をしてしまいます。イメージ通りではない自分を否定する「自己否定」の心の働きが起こるわけです。

自己否定をしてやる気をなくしてしまうと、仕事のパフォーマンスは七〇パーセント、六〇パーセントとますます落ちていってしまいます。その結果、心は回復するどころか、ますます自己否定を強める、という悪循環が起こります。

「仕事ができる自分への執着→自分のイメージ以下の仕事パフォーマンス→自己否定→仕事パフォーマンスのさらなる低下→さらなる自己否定……」という悪循環に陥って、結果的には、執着しているはずの「仕事ができる自分」からますます遠ざかってしまうのです。

執着を起点としたこの悪循環のメカニズムは、人生のさまざまな局面でしばしば起こります。「やせて美しい自分」に執着している女性であれば、「やせた自分への執着→過剰なダイエット→自分の理想通り進まないダイエット→自己否定→ストレスから過食→太ってしまう自分→自己否定→過食……」という悪循環を起こす人は多いのではないでしょうか。

評価＝ありのままを拒絶

条件反射には、ありのままの現実を拒絶して、「いい」とか「悪い」とか評価する心の動きがあります。物事について、「いいこと」「悪いこと」をあたかもテレビのコメンテーター気取りで判断し、評価するという次第です。

私たちは何がしかの情報に接すると瞬《また》く間に「いい」「悪い」と条件反射してしまいがちなため、この評価する心の動きと無縁でいることは、なかなかに難しいものです。

私も先日乗っていた電車のなかで、とても綺麗な（と、私には主観的に感じられる）女性が大きな口をあけてパンを頬張《ほおば》っているのを見て、「せっかく美人なのに品のない行為をしてもったいないなあ」と思ったことがあります。嫌悪感というほどのことはありませんけれども、「もったいない」「残念だ」と、「よくない」という評価を下してしまっているのです。いやはや、当の女性にとっては、他人が頭のなかで「もったいない」と考えているなんて、大きなお世話だというものでしょう。この評価は一見すると無害そうに見えて、私の傲慢さや優越感を刺激して、心の落ち着きをちょっぴり奪ってしまいます。

そしてこのような評価が「自分」へと向かうとき、平常心は壊滅的に破壊されてしまいます。

なぜ、そうなるのか。それは簡単です。自分は、より自分に近い物事に、心を揺り動かされるからです。友だちが彼の上司の悪口を言っていても、所詮は他人事《ひとごと》ですから、「大変だね」と落ち着いて同情することができます。ところが、自分の恋人や家族がひどい上司にいじめられていたら、平静では聞いていられないでしょう。「自分の」という形容詞がつくと、とたんに平常心はかき乱されます。

つまり、自分により近づいてくると、平常心を保つのは難しくなるわけで、もっとも自分に近いのは、「自分そのもの＝自我」です。だからこそ、自我に関する評価に七転《しちてん》八倒《ばっとう》するのです。

自我が外的評価の対象になる、つまり他人から自分が評価されるときも苦しみますし、さらに自分で「自分自身＝自我」を評価するときも、平常心でいるのは極めて難しくなってしまいます。

平常心の対極にあるのは、自我＝プライド

これまでいろいろと述べてきましたが、実はこの「自我」こそが、平常心の対極にあ

るものなのです。自我とは「自分は」「自分が」「自分の」という、自分に対するイメージのことです。自分のイメージは自分への評価と密接に結びついていますので、「プライド」とも言い換えられそうです。この自我に関する感情で、心はもっとも揺り動かされるのです。

プライドとこれまで述べてきた執着は、同じことを意味しています。プライドというと、現代社会では良いことのように捉えられ、執着は悪いことと考えられていますが、その内実は変わらないのです。

現代の競争社会では、誰もがプライドを良いこととして、それを育《はぐく》むように、教育を受けてきました。「プライドが高い」「プライドが高すぎる」という批判の言葉もなくはありませんけれども、「プライドを持つ」ことは当たり前のことであり、かつ競争社会を生き抜く上では欠かせないことだと思われています。

子どもの頃から、勉強でも水泳やピアノなどの習い事でも、「他の子に負けないように、他の子よりも優れた子になりなさい」という有言無言のメッセージを、親から伝えられながら、子どもは育ちます。さすがに「○○ちゃんには負けないように頑張りなさい」とまで言われることは滅多になくても、テストで良い点を取って、クラスで一番になったと報告すれば親は喜ぶことが多いでしょう。

また学校では、「君だけにしかできない個性的なことをして、自己実現をするのが大事なこと」という教育によって、私たちは自分は特別な存在なのだと洗脳されて育ちます。しかしながら、あいにく現実には私たちはさほど特別な才能に恵まれているわけでもありませんから、無理をしてでも「他人とは違う、特別な自分」をつくりあげるべく、四苦八苦するはめになるのです。

こうして成長の過程で、「特別な自分」というプライドをぶくぶくと肥大させながら、私たちは、「他人とは違う優れた点のある自分」というものをアピールすることで、自分の存在意義を確認しようともがくようになります。

それは勉強では一番になれなくても、面白いキャラがあることだったり、洋服のセンスだったり、あるいは話し上手、聞き上手、などさまざまですが、他人と差別化して、「自分は人よりここが優れていますよ」と主張することで、自らの存在意義と商品価値を高めていくのです。

世の中では人の「商品価値」が問われる

商品価値、というのは何も極端な表現ではなく、労働市場においては、労働者は一つの商品と見なされます。その商品を値踏みして、買うか買わないかを企業が決めるのが就職活動、というわけです。

就職活動はまさしく、人と差別化する「アピール合戦」の場です。近年は不況により、買い手市場が続いていますから、買い手がつかない自分、商品価値がない自分を「自己否定」して、苦しんでいる学生さんがたくさんいることと思います。もしかしたら、平常心でいるのがもっとも難しい時期の一つが、就職活動の時期といえるかもしれません。

しかしこの「他人との差別化競争」は社会人になったからといって、終わりを迎えることはありません。人はさまざまなところで、自分と他人を差別化しようとします。「私は有名企業に勤めている」「私は年収が大学時代の友人のなかで一番多い」といったものや、最近では「私は誰よりも仕事をエンジョイして自己実現している。楽しんでいる」といったことにプライドを感じる人もいるでしょう。

人それぞれの基準でプライドを持ち、すなわちその基準に執着し、人と較《くら》べては、自分のほうが勝っていると喜び、負けていると思っては落ち込んでいるのです。まさしく「比較」→「勝ち」→「嬉しい」、「比較」→「負け」→「落ち込む」という、機械的な「条件反射」です。

このように見てまいりますと、プライドを持って競争社会を生き抜くように育てられてきた、そうすることで幸せが手に入ると教えられてきたのに、なかなか幸せになれないという現実がわかります。現代社会に漂う閉塞《へいそく》感の源が見えてくるのです。

競争社会を生き抜くために育ててきたプライドがかえって邪魔をして、仕事のパフォーマンスを下げてしまうこともあります。先ほど述べた悪循環ですね。仕事に対して淡々と平常心でベストを尽くせば、日々のパフォーマンスの多少のバラツキはあっても、着実に仕事を積み上げることができるのに、悪循環に陥ることによって、トータルでの仕事パフォーマンスが落ちてしまうのです。競争社会を生き抜くために必要なはずのプライドが、本末転倒の結果を生んでいるといわざるをえません。

さらにいえば、いま、うつ病が深刻な病として世の中で認識されていますが、その根っこにはこのプライドの問題が横たわっているように思われます。うつ病の真の原因はまだ医学では確実には解明されていないようですが、プライドから考えてみると見えてくることがあります。

真面目で責任感が強い人ほどうつ状態に陥りやすいといわれていますが、見方を変えればそれは、「自分はここまでできるはずだ」という過剰なプライドのなせる業《わざ》だと捉えることもできます。プライドの高さが「現実にはできない自分」を許してくれず、その結果、心が自分自身を罰してヨレヨレになってしまうのです。

あるいは、最近増えているといわれている、「周りが悪い」というタイプのうつ。会社で自分が思い通りいかないのは、周りが悪い、周りが自分を正当に評価してくれないからだ、というタイプのうつですが、これも自分のプライドが満たされていないことが根っこにあるのは同じです。満たされない原因を自分ではなく他者に求めて、自分を責める替わりに、他人を責めているのです。

いずれもプライドが、「理想の自分」と「理想通りではない現状の自分」を較べて、その結果、心が苦しんでいるという状態です。

プライド＝慢の根源的な意味は「比較する」

プライドというのは、このように比較対象としての座標が必要なものなのです。較べるのは、何度も述べてきたように、他人とだったり、自分のセルフイメージだったりします。較べる対象があって、はじめてプライドは成り立ちます。

このプライドのことを、仏道の言葉では「慢」といいます。「自慢」「傲慢」の「慢」ですね。この「慢」という言葉にも、根源的には「比較する」という意味があります。この人間は慢によって、常に他人と較べ、自我イメージと較べながら生きています。この自我イメージ、プライドをよくよく考えてみると、二つの側面が見えてきます。

一つは先ほども述べたように、親や社会から要請される価値基準、評価基準を受け容れて、いつの間にか、心のなかに内面化しているということです。生まれたての子どもには、いい大学に行って、いい会社に入ることが幸せだという価値基準はないでしょうけれども、親や社会からの影響によって、知らないうちにその価値基準が内面化されていくわけです。

もう一つの側面は、この自我イメージとは、「膨大な過去の記憶の集積」でもある、ということです。人は、自分を「他人」とも較べますが、それよりも頻繁《ひんぱん》に行われるのが「過去の自分、過去の記憶」と較べることです。

たとえば、五十肩になった人は、他人と較べて「あいつはまだなっていないのに」と思うかもしれませんが、「去年は肩が上がったのに！」と過去の自分と較べて、より傷つきます。そこには、老いや病という人間が避けては通れないものに対する恐怖もあります。

五十肩といった、いままでにできたことができなくなった、ということでなくても、人はあらゆる場面で「過去」を参照しながら生きています。

たとえば「食べる」という行為。お鮨《すし》を好きな人が、美味しい鮪《まぐろ》の握りを食べているとき、純粋に鮪を味わうことは極めて難しいことです。なぜなら、必ず過去の記憶と比較対照してしまうからです。「い、ま、ま、で、で、一番美味しい」とか、「この店は、前はもっと美味しかったのに」とか、「いままでと変わらないこの味こそ、自分の好物なんだ」とか、ね。現在、口のなかにある鮪を味わうとともに、それ以上に過去の記憶を味わってしまっていると申せるのです。

アイデンティティと無我

このように他人や過去の記憶と比較してしまう心の動きには、一定の意味があると思われます。「プライド＝慢」によって他人や過去と較べ、その結果気持ちよくなったり、落ち込んだりするわけですけれども、両方の場合に共通するのは「自分は○○というタイプの人間である」というイメージが心にしみつく、ということです。

「自分は優れている」「自分は劣っている」のいずれであっても、「そのように感じている自分が確かにここにいる」というように、自分の存在感を確認することができます。自分の「位置」「現在」を確認できるのです。

心は「自分はいる」ということを確認したい衝動、自分の位置を確認したい衝動を根源的に持っていて、そのために他人や過去と較べるのだ、という解釈もできるでしょう。

こうしてこしらえられるのが西洋的考えでいう、「アイデンティティ＝自己同一性」であり、過去から現在まで一貫した存在としての自我を確認するために、過去を確認している、ということ。

一方、仏道の立場に立てば、過去は過ぎ去ってもはや存在しないものと捉えます。いま、この瞬間だけが実際に体感できるもので、過去は単に頭のなかに刷り込まれた幻にすぎません。そして、そのように過去から積み重なってきて記憶に刷り込まれてきたさまざまな感情の持つエネルギーを「業《ごう》＝カルマ」と呼びます。人は「業＝カルマ」によって、いまこの瞬間を味わうことができず、結果として正しく生きることができない、と考えるのです。

さらに仏道では「自我」を突き詰めていくと、自我なんてどこにもないことに気づくことになります。自我は脳にあるのか、心にあるのか、一体どこにあるのかと探っていくと、結局、自我は幻想にすぎないというところにいき着くのです。確たるものとして存在すると思っていた自我は幻想にすぎないという認識、それが「無我」ということです。無我については、拙著『仏教対人心理学読本』（サンガ）で詳しく分析しておりますので、興味のある向きには、そちらをご覧ください。

「自分」なんていうものはないんだ、という剝《む》き出しの真理を私たちは知りたくないからこそ、心にたくさん強い刺激を与えることによって、「確かに自分はここに存在する」と錯覚しつづけるようにプログラムされている、とも申せましょう。ありもしない「自我＝慢」の幻覚を肥大させるべく、強烈な刺激ばかりを心に与えながら生きていては、平常心で生きるなんてとても覚束《おぼつか》ないことになります。自分でつくりあげた幻想に振り回されて、喜んだり、苦しんでいる状態、それが「慢」なのです。

この「慢」に気づき、その幻想の働きを弱めてあげるだけで（たとえ、無我を心の底からは認識できなくても）、平常心にぐっと近づくことになりますし、生きることがもっと楽になります。

基本的な平常心のレッスン

本章の最後に、「慢」を戒《いまし》め、平常心に近づくための日々の生活での初歩的なレッスン方法をお伝えしましょう。とても簡単なことですから、日々の生活に取り入れてみてください。

①心のエネルギーは、勝手に上がり下がりすることを認識して、受け容れる

心とはいつも諸行無常であり、常に揺れ動いています。さっきまで一二〇パーセントのパフォーマンスを出せていたのに、あるときその疲れが溜《た》まって、突然八〇パーセントの力しか出せなくなる。そういうことは、誰もが経験していることでしょう。

まず、心とはそういうものだ、と認識して、その事実を受け容れることが大切です。揺れ動いてしまうのは当たり前の現象であると。常にいま現在の自分自身を受け容れるということです。いまの自分は過去の自分とは違います。一二〇パーセントのパフォーマンスを上げていた自分とは、また違う自分なのです。いわば、一瞬、一瞬、新たな自分に生まれ変わっているのに、過去の自分と較べても意味がありません。そうやって過去と較べて落ち込むことは、過去に飲み込まれている状態だといえます。

心のエネルギーの上がり下がりは、自分がこれまで心に貯《たくわ》えてきた「業=カルマ」が過去を反復するかたちで起こります。つまり、知らず識《し》らず過去の調子がよかったときの感情や調子が悪かったときの感情が、無意識レベルで再現されるということが常に起

こり、その結果エネルギーが勝手に上下してしまうのです。

仏道の修行ではこの「業＝カルマ」からの脱却を目指すのですけれども、その第一歩として、まずは「心は勝手に揺れ動いてしまうものだ」と受け容れることが肝要です。そうすることで、過去の自分と比較して、落ち込んだり、反対にいまの自分は凄《すご》い、と浮かれてしまうことを防ぐことができます。

この受け容れる態度は、「自分自身を愛しなさい」というような、ナルシシスティックな考え方とは違います。いわゆる自己愛ではなく、もっと客観的に心というものを見つめ、捉える態度です。「心は浮き沈みするものだ」と認識して、調子に乗らず、落ち込まず、「そういうものだ」という態度を取るように心がけてあげるといい。

自分の心の状態を受け容れることができないということは、「心の居場所」がないということです。居場所がないとどうなるか？　心は居場所を求めて、ここではないどこかを求めて彷徨《さまよ》ってしまいます。

たとえば、過去の自分の栄光を反芻《はんすう》したり、あるいは、自分から目を逸《そ》らすためにお酒を飲む、お笑い番組や映画を観る、といった刺激で誤魔化すこともあるでしょう。

「心は浮き沈みするものだ」ということを受容できないと、いつもホッとすることができずに、ここではないどこかへと心は逃げだそうとしてしまうのです。

それを防ぎ、ホッとするためにも、心の浮き沈みを、「いまは過去からの業に基づいてこうなっているけれど、やがて必ず変化するのだから気にしても意味ないよね」と冷静に受容してください。私が瞑想指導をするときに、よく生徒さんたちに言う言葉は、次のようなものです。「いま、瞑想がうまくいっていても、喜ばないでください。どうせ、長い道のりのなかではうまくいかなくなるときがくるのですから。また、いま、瞑想の調子が悪いと感じられても、がっかりしたり落ち込まないでください。どうせやがて、調子がよくなるのですから」と。この「瞑想」という単語を、「仕事」や「人間関係」に置き換えてみてください。そこに、平常心の秘訣があります。

②周りの状況を「いい、悪い」と判断しない

自分の心の浮き沈みの受容とともに大事なことは、周りの状況もいちいち「いい」「悪い」と判断しないことです。人は自分と直接に会話をする相手だけでなく、目や耳に入るあらゆる物事について、常に判断をしています。

たとえば、電車のなかで化粧をしている人がいれば不快を感じ、他人の親子の会話で子どもが親にため口をきいているのを聞けば躾《しつけ》がなっていないと思い、肩がぶつかったのに会釈《えしゃく》もしない相手に憤《いきどお》ります。

このように、一つひとつ反応し、「いい」「悪い」を判断していては、心もそれにつれて浮き沈みを繰り返してしまうので、平常心からは程遠い状態になってしまいます。

それを防ぐためにも、いい、悪いという判断をしないで、「そのようである」と状況を認識し、受け容れることが大事です。「そのようである」とだけ捉えて、「いい」「悪い」という判断を捨て置くのです。

判断を繰り返すことは疲れます。この判断を捨て置くだけで、心はホッとできます。何か瞬間的に判断をしそうになったら、「そのようである」という言葉を心のなかで呟《つぶや》くようにしてみるのもいいでしょう。

③心を「子ども」のように扱う。叱ってばかりでは潰れてしまう

これは少し比喩的な話になりますが、自分の「心」に接する態度を、自分の「子ども」に接するのと同じように心がけると、より心が落ち着き、平常心に近づくことができます。

子育てで一番大事なことは、おそらく、「まずはあるがままの子どもを受容する」ことではないでしょうか。まず、子どもという存在を認めて、そのまま受容する。そうすることで、子どもは家庭のなかに「居場所」を見つけてホッとすることができ、そこでの自信をもとに外の世界へと経験を広げていくことができます。

子育てでは「褒める」ことが大事とよくいわれますが、私はそれは少し違うと考えています。褒めるということは一つの価値判断であり、親が褒めるのは、より強化したい子どもの行為であり、子どもは親のその価値観を刷り込まれながら育っていきます。つまり、「褒める」ということは、親から子どもへの「命令」を含んでいるのです。その意味においては、その行為をするなという「叱る」行為と同じと捉えることができます。

「褒める」ことも、「いい」「悪い」を親が判断し、いいことはしなさい、悪いことはやめなさい、という「命令」なのです。

もちろん子育てにおいては、ある程度の価値判断、命令は必要でしょう。右も左もわからない子どもが社会のなかで「居場所」を見つけられるように、親は子どもを教育する必要があります。そのなかで、社会的な規範を身につけるため最低限の命令は必要になってくるのも確かです。けれども、「褒める」「叱る」が過剰になってくると、比例して「子どもをそのまま受容する」ということが疎《おろそ》かになっていきます。

じょうずにお片付けができた子どもは褒めるけれども、部屋を散らかしているのを見つけるとイライラして叱責《しっせき》する。こういうことがつづくと子どもは、部屋を綺麗にできない自分では受け容れられないんだ、そんな自分を親は嫌いなんだと「居場所」をなくしてしまうことになりかねません。そんなとき、往々にして子どもはよけいに言うことを聞かなくなることで相手の関心を引こうとするか、反対に怒られたくないばかりに「無理してちゃんとする子」になるかの道を辿ります。どちらにせよ心は歪《ゆが》みます。親の望み通りの自分でないと受け容れられないと感じたら、それは息苦しいでしょうし、それがつづけば潰れてしまう子も出てきます。

親は子どもに対して、絶対的な力を持っています。そして、子どもをこう育てたい、こうなって欲しいと思うことに疑いを抱いていない人も多いでしょう。それが子どもが幸せになるために親ができる正しいことと、信じて疑わない人です。

親が子どもに対して与える巨大な影響を自覚し、「まずはあるがままの子どもを受容する」ことの大切さを忘れないようにして欲しいと思います。

子育ての話が少し長くなってしまいましたが、この話の「子ども」をそのまま「自分の心」と置き換えてみると、まったく同じことがいえると思います。

自分の「プライド＝慢」にしたがって、心の状態を「いい」「悪い」で裁いてばかりいたら、心は息苦しくなって居場所を失い、潰れてしまうことになりかねません。

そして、親が子どもに対して強い力を持っているように、「プライド＝慢」も長い時間をかけてつくられたものなので、やはり強力です。いわば「過去＝業＝カルマ」の集積によって形作られたものですから、その力を意識して抑制しないと、「心のあるがままの状態」を受け容れることは難しいのです。

心は子どもと一緒。叱ってばかり、命令してばかりでは潰れてしまう。まず、あるがままの心を受け容れることが大事ということを忘れずにいてください。とくに、思い通りにいかずに落ち込み、心が苦しいときこそこのことを思い出して、叱るのではなく、このあるがままの心の状態を受け容れようとしてください。うまくやる気がわかないときは、「いまやる気がわかないんだね」と心で呟き、受け容れてみる。「いまは、そのようである」と。

④心をモニタリングする

「心は浮き沈みするものだ」と認識し、「あるがままの心」をまず受け容れる。そして周囲の出来事に対しても「そのようである」と受容し、判断を捨て置く。これが平常心を身につけるための基本的な態度ですが、これを前提とした上で、そうはいっても生じてしまう「心の揺れ動き」をモニタリングしてください。

人それぞれ違う「反応パターン」「条件反射のパターン」を調べるのです。

「私は上司に『素晴らしい!』と褒められると、疲れもすぐに吹っ飛んでやる気まんまんになるんだな」「それとは反対に、自分の仕事に少しでも悪い点を指摘されると、とことん落ち込むんだな」「自動車を運転するときに、歩行者や自転車にいつも必ずイライラするんだな」といったようなことを、少し距離を取って自分を見つめるようなイメージでモニタリングするのです。

これが好きだな、これが嫌いだなという反応が生じたときに、少しはずれた場所から、「こういうことが私は好きなんだな」「こういうことが嫌いなんだな」と自分の反応パターン、条件反射のパターンを確認します。

このモニタリングは、いわゆる「メタ認知」に近いものです。メタ認知とは、自分の認知の仕方、考え方の癖を、客観的に認識するということです。モニタリングも同じように、心の動き、反応パターンを観察することです。

このモニタリングによって、その感情、心の動きにとっぷりと浸《つ》かることを防ぐことができます。そして、モニタリングを続けることによって、自分の心が執着していることと、どこに「慢」があるのか、どこで条件反射をするのか、ということがわかってきて、心の浮き沈みの幅を少しずつ小さくしていくことができます。

こういうパターンだと自分は落ち込んでしまうから、それも自分として受け容れ、しばらくそっとしておこう、そのうちまた元気になるから、と思うこともできるようになるでしょう。反対にうまくいって浮かれているときに、この反応が強いということは、ここに自分の「慢＝プライド」があるんだなと認識し、過剰な喜びを戒めることもできるでしょう。

また、周りの出来事にいちいち反応して、価値判断してイライラすることをやめて、捨て置くこともできるようになるでしょう。あるいは、人に何か言われたときに、すぐカッとなって言い返す条件反射がある人は、ワンクッション置くことで、冷静に話ができるようになるでしょう。

要は心をモニタリングすることによって、ジタバタすることが少しずつ減っていくのです。溺れているときにジタバタしたら、溺れ死んでしまいます。溺れている心をそのまま抱きとめて受容し、冷静さに立ち返ってから、ゆったりと泳ぐことによって助かるのです。焦らずにモニタリングをつづけることで、平常心に一歩ずつ近づいていくことができます。

1章 なぜ、平常心でいられないのか？

「プライド＝慢」とのつき合い方

捨て置く

いちいち「いい」「悪い」と判断しない

心の動きをモニタリングする

心は浮き沈みするものと受け容れる

あるがままの心を受け容れる

子どもと一緒で、叱ってばかりでは潰れてしまう

自分の「慢」を知り戒める

モニタリングで、心の条件反射のパターンを知る

2章　なぜ、人を嫌いになるのか？

——仕事、友人、家族との疲れないつき合い方

そもそもなぜ「好き」「嫌い」という感情があるのか？

この章では、人はなぜ人間関係で疲れてしまうのか、なぜ平常心で人と接することができないのか、ということについて考えていきたいと思います。会社、家庭、親族、友人……新聞の人生相談欄などでは、相談内容のほとんどに何らかの人間関係の悩みが書かれています。会社を辞めたり、転職したりする人の動機の八割が上司との人間関係が原因、という話も聞いたことがあります。

人間関係で疲れる、悩むということを突き詰めて考えると、そこに「○○さんが好き」「××さんが嫌い」という感情が絡んでいることがわかります。「嫌い」という感情を持っていれば、相手がそばにいるだけで不快な気持ちになります。「好き」という感情は一見問題なさそうですけれども、こちらが相手を好きでも、相手も同じように自分に好意・好感を返してくれるとは限りません。その結果、「自分は好きなのに、相手は好いてくれない」と悩んだり、その状態がつづくとプライドが傷つき苦しいので、無意識的にその相手のことを嫌いになったりもします。

釈迦＝ブッダは、「愛する人と出会うな。愛しない人とも出会うな」と教えています。好き嫌いや愛は「執着」であり、必ず苦しみを生むものですから、それを戒めているのです。「好き嫌い」や「愛」と無縁でいられれば確かに平常心でいられる確率が高まりそうですが、私のような凡夫《ぼんぷ》や多くの読者には、なかなかそれは難しいことでもありましょう。

「好き」「嫌い」という感情は、動物としての人間の「業＝カルマ」といえます。生命は、「好き」「嫌い」の条件反射、あるいは「好き」「嫌い」による興奮によって突き動かされ、生命を長らえてきました。

危険なことに対しては「嫌う」ということがプログラミングされていて、それは敵対的に闘うか、危険なことから逃げて遠ざかるか、どちらかの行動として表れます。

人類は何万年にもわたって、いつ他の動物に攻撃されて死ぬかわからない危険状態を基本にして生き延びてきたのですから、「危険」を察知して苦痛を感じ、「嫌う」という機能が異様に発達しているのでしょう。しかしその危険察知機能が過剰に働く仕組みは、現代のように基本的には平和な状況下では、不必要なところに「嫌い」をたくさん見つけて、怒ったり嘆いたりすることになり、有害な面もあるのがわかるでしょう。一方、生命を維持する上で役に立ちそうなことに対しては「好き」になるということがプログラミングされていて、それは近づき、手に入れようとするという行動として表れます。

動物は、嫌いなものは闘うか逃げる、好きなものにはまっしぐら、というプログラムで生きているといえるのです。それが生命を維持する上で、有益なプログラムだったからでしょう。

そのプログラムが、まだ人間にも色濃く残っています。その命令にしたがう形で、誰もがある集団や組織のなかで、好きな人と嫌いな人を、無意識に区別する習性を持っているのです。とくにハッキリとした好き嫌いではなくても、あの人は何となく好き（自分に役立ちそう）、あの人は何となく嫌い（自分にとって危険、害を与えそう）と思ってしまうのです。

まずはこのような無意識の心の動きがあることを認識し、メタ認知することが大事です。そういうプログラムがあることを認識するだけでも、そのプログラムの支配力を相対化することができます。

「支配欲」があるから、平常心でいられない

私たちが「好き」と感じる対象は数多くありますけれども、そのなかでも厄介で強力なのが、他人より上に立ちたい、とか、自分の言う通りにして欲しい、というような「支配欲」です。誰かと話をしていて、相手の上に立ちたい、相手より自分が有能であることを見せつけたいと思ったことがない人はいないのではないでしょうか。相手を言い負かしたいというような明白な欲望ではなくても、相手の話を真摯《しんし》に聞き、相手のためを思ってアドバイスしているつもりのときでも、その心には、「相手にアドバイスしている自分の有能さ」に酔っている、つまり、相手よりも自分のほうが上であることを確認して喜んでいる面があります。さらには、アドバイスすることで相手から「感謝されたい」という気持ちも潜《ひそ》んでいます。

これは、多かれ少なかれ、誰の心にもあるもので、その根本には相手に対する「支配欲」が横たわっています。相手よりも自分のほうが上であると確認し、相手を自分の思い通りに動かしたい、思い通りに変えたいというのが「支配欲」の正体といえるでしょ

う。

そしてこの「支配欲」をさらに突き詰めて考えていくとその根っこにあるのは実は、「愛されたい」「自分を愛して欲しい」という幼児的な自己愛であることがわかります。

と申しますのは、支配の形にはいろいろとありますが、一番気持ちがいいのは、自分から何かを働きかけなくても、みんなが自分を尊敬し、だからこそ自分の言動に注意して耳を傾け、自分がしたいことを先回りしてやってくれるような状態ではないでしょうか。突きつめれば、そこまでみんなが自分のためにしたくなるほど、自分が愛されていたい、ということだと、申せましょう。

「言わなくてもやって欲しい」

「言わなくてもわかって欲しい」

「わたしの気持ちを言わなくても、しっかりと見抜いて、対処して欲しい」

このような不満を抱くことなく、周りが自分を見つめていて、自然と自分のために動いてくれるとしたらそれがもっとも「支配」が行き届いた状態であり、確かに気持ちいいでしょう。

学校の先生でいえば、生徒から尊敬されていて、「静かにしてください」と一言、言うだけで教室がさっと静かになるような状況。あるいは「静かに」と言う必要もなく、話し始めると生徒みんなが真剣に先生である自分の話に耳を傾け、「先生のクラスでよかった」と感謝してくれるような状態です。

一方、いつも生徒を怒鳴ったりしながらも、なかなか教室が静かにならない先生もいます。生徒を支配したい、教室の支配者として威厳を見せたい、生徒から尊敬されたいと思っているのになかなかそれが実現できず、常に苛立《いらだ》っている状態です。

このように、「支配欲」というのをよくよく考えていくと、「皆が自分のことを大事にしてくれて、自分の気持ちを察して動いてくれるほど、自分が愛されていたい。無条件で愛されたい」という気持ち、すなわちそのようにして自分の「慢」を満たす快楽を得たい欲望と言い換えることができるでしょう。

この欲望が厄介なのは、「言わなくても察して欲しい」という思いが強すぎると、言葉で説明せずに八ツ当たりすることになりがちな点です。「言わなくても誘って欲しい」と思っている人が、「誘って欲しい」と言うかわりに「どうしていつもあなたは忙しいのか」と怒り出したり、「言わなくても働いて欲しい」と思う上司が、「なんでお前は常識も知らないんだ」と、難癖をつけてみたり。誰もが無意識のうちに、「自分を無条件で愛して自分の気持ちを察して欲しい」と願い、それを周りの人に知らず識らず期待するせいで、言葉やコミュニケーションが回りくどくなり、受け取る側に理解してもらいづらくなるように思われます。そして、そのような期待はほとんどの場合、満たされることはありません。

しょせん弱い人間にすぎない他人に、そこまで他の人を愛したり察したりする能力があるはずもないのですから、「自分を無条件で愛して欲しい」という「慢」は絶望的に実現が不可能なものです。その実現不可能なものを望み、当然手に入らないから苛立ち、そして人間関係に疲れるはめになる。

無条件で愛されたいという、いわば「全能感」を求めてしまうがゆえに、かえって寂しくなり、無力感を覚え、その感情から逃れるために「怒り」がわいてき、その結果さらに苦しんでしまうのです。

会社は「支配」「被支配」の世界

この「支配欲」「無条件で愛されたいという慢」が、こっそり隠れた形で具現化されているのが、会社や組織の世界です。民主主義の国であっても、会社という組織は必ずしも民主主義で動いているわけではありません。

民主主義は基本的には多数決の世界ですが、会社では多数決は通用しません。部下がどんなに反対しても、上司が「やる」と決めたことは行わなければなりません。上司は部下を支配し、部下は上司に支配されるという、「支配」「被支配」の関係で成り立っている世界です。

上司は部下よりも「支配領域」が広く、それは課長、部長、取締役と出世するにつれてどんどん広くなり、もっとも広いのが社長ということになるのでしょうか。会社という組織では、ある意味で「支配欲」が肯定されています。優秀な人間がより大きな支配領域を持つことが、会社の業績をよくし、利益を最大化する一番、合理的な方法だと思われているからです。

会社はある市場での支配領域を広げ、そこの支配者になろうと努力を重ねます。みんなが努力をしている競争社会ですから、敗れた会社は倒産するか、他の会社に吸収される、つまり他の会社の支配を受けなければならなくなります。

この市場での競争に勝つために、会社内でも競争が導入され、誰に支配権を与えるのか、誰が支配すると会社がうまくいくかが、日々試されています。

これが競争原理を軸とする資本主義社会のあり方です。会社に勤めている人の多くは、仕事をしている領域で、「支配できるような優秀な人間になれ」「周りよりも優れていることを証明せよ」という教えを、当たり前のように受け取りながら、働いていることになります。多くの人がかなり長い時間を過ごす会社組織では「支配欲」が肯定され、奨励されているわけですから、気をつけないと「支配欲」は知らないうちにどんどんと肥大化していくことになります。

上司であるあなたは、なぜ部下にイライラするのか?

資本主義社会での支配競争は以上のようになりそうですが、実際に会社という組織のなかで、なぜ人間関係に疲れたり、イライラしたりするのかを見ていきましょう。

たとえば、自分が上司で部下が五、六人いるとしましょう。この場合、先ほど述べた「動物としてのカルマ（業）」によって、私たちは無意識的に好きな人、嫌いな人というのを区別しています。「馬が合う部下」「何となく可愛い部下」や「何とはなしに扱いにくい部下」といったような区別です。嫌いな部下を口に出して攻撃したりはしなくても、自分の心のなかを覗《のぞ》けば、何となくそういう区別をしていることにお気づきになるのではないでしょうか。

会社は「仕事で結果を出すための場所」ですから、上司は部下に対して、「こういう仕事をして欲しい」「このグループのなかで、こういった役割を果たして欲しい」といった「期待」を抱いています。この期待の度合い、「期待値」は上司の考え方によって厳しかったり、比較的甘かったりするわけですが、自分の「期待値」にそって、部下を区別するのは一緒です。会社のなかでは、上司が部下の「評価」「査定」をし、それを基に昇進や昇給などが決まっていくわけですから、これは上司に求められている役割でもあります。

たとえば、部下が五人いて、それぞれ上司の期待値を次のようなパーセンテージで満たしているとします。

A　期待値の九〇パーセント
B　期待値の八〇パーセント
C　期待値の六〇パーセント
D　期待値の五〇パーセント
E　期待値の四〇パーセント

この場合、「期待値」による評価と「好き」「嫌い」という感情は直結しやすいです。Aという期待値の九〇パーセントを満たしている部下は、当然ながら上司としての自分の仕事にも多大なプラスをもたらすでしょうし、反対に期待値の四〇パーセントしか満たしていないEは、自分の仕事の足を引っ張るからです。意識する、しないにかかわらず、Aは好き、Eは嫌い、となるのです。

ただ、この「好き」「嫌い」は絶対的な基準に基づくものではなく、相対的なものです。たとえば、部下AとEが異動したり、辞めてしまったりしていなくなると、次は部下Bを好きになり、Dを嫌いになりがちなのではないでしょうか。集団のなかで「好き」「嫌い」をどうしても見つけてしまう、動物としての業が出てくるわけです。

よくビジネスの世界では「2：6：2の法則」ということがいわれるそうですね。組織を見てみると、「二割の優秀な人、六割の普通の人、二割のダメな人」に分かれるというものです。人の「好き」「嫌い」も大雑把にはこの法則に似ているかもしれません。一〇人の人がいたら、「二人の好きな人、六人の好きでも嫌いでもない人、二人の嫌いな人」という区別を、無意識に行ってしまうことが多いように思われます。強引にでも、必ずといってよいほど「嫌いな人」を見つけてしまう。

「介入」しても変わらない部下に傷つく

会社のような「支配」「被支配」の関係ではない組織、たとえばマンションの管理組合や学校のPTAなどであれば、「あの人は好き」「この人は嫌い」と思って終わりになるケースが多いでしょうけれども、上司はそのままでは終わりません。自分の期待値にそっていない部下に「介入」して、働き方や態度を「変え」させようとします。

成績が上がらない営業マンには徹底指導して業績を上げさせようとしますし、もっと個人的な領域にまで介入する上司もいます。たとえば、ファッションが少し派手だと思えば、スーツの系統を変えるように指導したり、明るく元気な職場が好きな上司であれば、挨拶の声が小さい部下を叱責したりします。

職場という「自分の支配領域」のなかで、自分の気に入らないことは、相手に介入し、変えさせようとするのです。

会社は「支配」「被支配」が原則の世界ですから、上司の介入に対して、部下は表面上は素直に耳を傾け、頷《うなず》かざるを得ません。「そんな必要あるかな?」と思っているようなことでも、上司に意見することは簡単ではありませんし、最終的には上司の意向にしたがわざるを得ません。上司は部下に「はい、わかりました」と言わせて、屈服させることで、自分の「支配欲（慢）」を満足させてしまいがちです。自分の支配力を確認して、慢心を喜ばせるのです。

ところが、上司が介入したからといって、部下がすぐに変わるとは限りません。むしろ、すぐに変わるのは難しいのが普通でしょう。業績が上がらない部下が、ある日突然トップ営業マンになるのは難しいでしょうし、内気で声が小さい人が、急に元気はつらつになるのも、容易ではありません。

上司は自分が介入したにもかかわらず、変わらない部下を目にして、激しく腹を立てます。介入する前から嫌いだったのが、ますます嫌いになります。それは、変わらない部下という存在を目にすると、「その人に命じても変えさせることのできない自分」という、自分の「無力さ」「無能さ」を認識させられるからです。その部下の存在によって、自分の「慢」が傷つけられるからです。

本当は、部下が変わらないときは、自分の無力さを噛《か》みしめて、どうすれば部下は変わってくれるのかを真摯に考えなければいけません。「慢」が傷ついたのなら、自分が命令すれば、部下は自分への敬意を示してすぐに変わるはずだと、自分は「傲慢」になっていたんだなと、気づき戒めればいいのです。

こうやって平常心で現実を受け止め、次の一手を考えることが、実際に仕事上でも役立つはずです。上司が感情的に怒鳴り散らしたところで、部下は変わるどころか、萎縮《いしゅく》したり、かえって上司に対する反発を覚え、余計に仕事に身が入らなくなるからです。ところが、自分の無力さを受け止めきれずに、その無力さから目を背《そむ》けて逃げるために、部下を攻撃して、「相手を制圧していじめることのできる力のある自分」を実感したくなる人もいます。自分に無力さを認識させた、自分の慢を傷つけた相手として、部下を憎み攻撃することで、「自分は無力じゃないんだ」と、自分に言い聞かせているのです。

だからこそ、上司や、さらに経営陣など人の上に立つ人、支配する側に立つ人には、人格やある種の徳が求められるのです。下の立場にいるときは、いい子ぶっていることは誰にでも簡単ですけれども、支配する、わがままにも振るまえる立場に立ったとき、その人の本性が現れるともいえます。

たとえば歴史を振り返れば、スターリンや毛沢東は絶対的な支配者の立場に立ったとき、馬脚《ばきゃく》を表したといえます。マルクスやエンゲルスはどうだったか。彼らは支配力を握る前に亡くなっているので立派な人という印象がありますけれども、いざ力を握っても平等主義者でいられたかどうか、本当のところはわかりません。

支配者は必然的に「慢」を肥大させる危険を孕《はら》んでいるのです。偉くなればなるほど、その人に意見できる人はいなくなるわけですから。その恐さを知っている人が、人の上に立つことが望まれます。

部下であるあなたは、上司の支配にどのように対応するか？

一方、部下はなぜ上司に対して不満を溜め、人間関係で疲れるのでしょうか。支配される「被支配の立場」というのは、基本的に忍耐が必要なことは否めません。その組織に属している以上、最終的には上司の命令に服従しないといけないわけですから。

ただ、部下が不満を抱えるのにも、やはり「慢」が関係しています。「慢」によって、より大きな不満を感じるようになるのです。

たとえば部下は、上司に対して「自分だけを特別扱いして欲しい」という潜在的なナルシシズムを抱えています。特別に目をかけて欲しい、特別に愛して欲しいと思っているのです。そのような形で自分の「慢」を喜ばせて欲しいと思っている。

幼い子どもは親の愛情を独占しようとして、兄弟で争ったりするものですが（この争いは幼い子どもに限らず、成長してからも長くつづくこともありますね）、これと似ています。一人しかいない上司から特別な存在だと思われたいのです。これは無意識的な欲求といえるかもしれませんが、これも多くの場合、簡単には満たされません。先ほど見たように、大部分の人は「好きでも嫌いでもない」扱いを受けるのが普通で、好かれるのはごく一握りの部下だからです。そしてきちんとした上司であればあるほど、一人の部下を特別可愛がったりはしないものですしね。

この「慢」が肥大化すると、とても苦しむことになります。知人から聞いた話ですが、とある会社で上司に特別に可愛がられていた女性社員がいたそうです。彼女はその部署で唯一の女性ということもあり、その上司は彼女にはとても甘く、男性社員が犯したらひどく叱責されるミスも彼女は叱られず、少しでも頑張れば「お前は素晴らしい！」と褒めて、育てられました。

元々、頑張り屋だった彼女は上司に褒められてますますやる気を出し、仕事でも成果を上げていきました。その一方で、「愛されたい」「特別扱いされたい」という「慢」がどんどん肥大していったのです。

あるとき、彼女の上司が違う部署に異動になり、新しい男性上司がやってきます。新しい上司は、部下を男女で区別せずに公平に扱い、ミスは叱り、いい仕事をすれば褒めてくれます。

周りの社員から見れば極めて真っ当な上司だったのですが、彼女はそれまでに大きく育ってしまった「慢」をいたく傷つけられ、しばらくして心身に不調を来《きた》し、出社できなくなってしまったそうです。

このように「慢」が肥大すると、結局、苦しむのは自分自身なのです。

自分だけが損をしたくないという思い

また、「自分だけが特別に思われたい」ということは他方で、部下は「自分が不利になるような不公平な扱い」にも敏感だということです。「自分だけが損をするのは絶対に嫌だ」という思いが強いのです。

他の同僚より、自分だけ仕事量が多い、めんどくさい仕事をやらされている、価値のない仕事をやらされている、雑用をやらされている――このように自分だけが損をさせられているという思いを抱き、不公平な扱いは許さないと、頭のなかで考えをこねくりまわし、「慢」が傷つくのです。「こんなに大切な自分（＝慢）が、不当な扱いを受けて、傷つけられている。許せない」と感じるのです。

しかし、上司の立場に立ってみればわかることですけれども、日々、動いていく仕事を完全に平等に部下に振り分けることなど不可能です。それに、上司の究極的な目標は、部下それぞれの能力の違いを把握し、適切に仕事を振り分けることによって組織全体の仕事パフォーマンスを上げることであって、みんなに平等に仕事を振り分けることではありません。

もちろん、チームに不公平感や不満が溜まって仕事のパフォーマンスが落ちないように、ある程度、均等に仕事を振り分けるように心がけるでしょうけれども、それは目的のために必要な気遣いといった程度のもので充分でしょう。

部下が他の同僚と較べて「自分だけが損をしたくない」「自分だけがひどい扱いを受けたくない」という意識を持ちすぎると、慢が傷つき、上司との人間関係に強い不満を抱き、疲れていくことになります。

「自分だけが損をしたくない」からさらに一歩進んで、「自分は周りの人と較べて特別不幸だ、不運だ」という考えに凝《こ》り固まっている人もいます。いつも暗い感じのオーラを出しているような人です。このようなタイプの「慢」、マイナス方向に自分は特別だと思う「慢」は、かえって支配欲の強い「慢」を持った人を引き寄せてしまう面もあります。つまり、そういった上司に嫌われ、攻撃されることになりもします。そして自分だけますます不運だと思い込む慢が強化されることになります。

人の「慢」の形には、さまざまな有り様がある、ということ。

マイナス方向に自分を特別と思う慢がなくても、上司の期待値に自分が応えられずに、上司から厳しく指導を受けるような場合、多くの人の「慢」は傷つきます。みんな、自分は特別できるとは思っていなくても、特別にダメだとも思っていないからです。だから、仕事で叱責されると、著《いちじる》しくその「慢」が傷ついてしまうわけです。

このように見てきますと、部下として上司との人間関係で疲れないコツ、平常心を失わない一つのコツは「諦める」ことです。不公平な扱い、理不尽《りふじん》な命令、上司に説教される時間――それらをすべてひっくるめて給料をもらっているのだと認識するのです。一人でコツコツと仕事をして結果を出し、嫌な思いもしない、というのは不可能なことで、「支配」「被支配」という関係のなかでは、諸々の理不尽さ、嫌なこともひっくるめて仕事であって、それも含めたものに対してお給料をもらっている、と受け容れることです。

その理不尽さを諦めきれないと、「慢」が傷つき、結果的に自分が苦しんでしまうことになります。職場に「慢」を持ち込まず、理不尽さは諦め、目の前の仕事に淡々と集中して取り組むことを心がけることです。

上司が部下に求める期待の内容や期待の大きさも、上司によってそれぞれ違います。数字をあげていればいいという上司もいれば、部下に明るさと元気のよさを求める上司もいます。あるいは自分に対する賞賛を、部下に過剰に求める上司もいるでしょう。

上司の支配を受けるのも仕事の内と受け容れ、できる範囲でその「役割」を果たすように心がけることです。自分がその役割を果たしていないと叱責されたときは、いたずらに「慢」を傷つけるのではなく、至らない点を粛々と努力すればいいのです。

「親と上司は選べない」という言葉がありますが、これはまさしくその通りです。選べない以上、そのようなものとして受け容れることです。とくに職場では「支配」「被支配」という関係を変えることはできません。ある種の理不尽さは諦めて受け容れることが、平常心で、ストレスをできるだけ感じずに働いていく秘訣《ひけつ》です。

裏を返しますと、学校教育やメディアの情報を通じて、「人間は平等に扱われるべきだ」という洗脳を受け続けているせいで、実際には理不尽なことに満ちたこの世間の現実を受け容れにくくなっているようにも思われます。この現実を生きてゆくには、そんな「洗脳」から自由になって、不平等な現実を直視することが肝要でしょう。

人間はある程度、環境を選ばないといけない

とはいうものの、どうしようもない慢を持っている人が上司になるケースもあるでしょう。

たとえば、私が知っているある会社では、社長があまりに社員をこき使ったり暴力をふるったりするために、大体、半年もたずに多くの人が辞めていきます。しかも、多くの人が辞めてしまうことを見越して、毎年、ずいぶんたくさんの新入社員を雇っているのです。よくいわれることですが、新聞にしょっちゅう求人広告を出しているような会社は、人使いが荒く、社員が定着していない可能性が高いものです。

あるいは、これまでに何人も部下をうつ病や退職に追い込んでも、それをまったく意に介さず、業績をひたすら追い求める上司もいます。

こういう人がなぜ、部下を病気にするまで追いつめても気にしないかというと、彼の「慢」は部下が病気になってしまったことを気にするどころか、喜んでいるからです。「自分の期待に応えられない部下は潰れて辞めても構わない」「他人の心を破壊できるほど、他人に影響力を行使できる支配者でありたい」と思っている上司は、部下が病気になって辞めるのを見て、自分の支配のやり方を貫徹《かんてつ》できた、自分の支配はそこまで強烈に強いことを確認して、喜びを味わっているのです。

このように、病的に支配欲としての慢が肥大した人は、残念ながら会社のなかでは一定数存在するものです。会社は管理職に対して、仕事の「結果（利益）」を求めます。結果さえ出してくれれば、支配（マネジメント）のやり方は問わない、というのが会社という組織の本音でしょう。企業統治（ガバナンス）ということがいわれる昨今でも、結果を出している管理職には、少々の問題は目をつぶる会社が多いのではないでしょうか。

もし自分が、このような会社や上司の下で働かなくてはならなくなった場合、会社に異動を願い出たり、場合によっては転職を考えることも必要です。

会社で働くには諦めが肝心とはいいつつも、人間は、できる範囲で、人間関係などの環境を選ばないといけません。病的な慢の人からは逃げることも、一つの選択肢です。あまりに過酷な労働、激しい人格攻撃がつづくようでしたら、その環境を変える努力をすべきです。

ただし、そうやってコロコロと転職を繰り返したりしている人は、上司や周りの慢がひどいと思っていたら、実は自分の慢が肥大していたということもありますから、そこは自分の慢を真摯に見つめることが大事です。1章で述べた、「自分の心のモニタリング」を心がけてください。

モンスター的に慢が強い人は、もっとも苦しんでいる

いわゆる「モンスター」的に慢が強い人は、実はもっとも苦しい人生を歩んでいるのです。その苦しみを本人が自覚しているにしろ、いないにしろ。

慢が強い人は、次のような悪循環に陥ってしまいます。

・慢が強い＝支配欲が強い＝周りに対する要求水準が高い
↓
・しかし、高い要求は往々にして満たされない
↓
・己の「無力さ」を見ないため、忘れるために怒る
↓
・「無力さ」を感じて、周りに対するアプローチ方法を変えることもなく、自分の慢を戒めることもない。むしろ、「介入」してもできない相手にはさらに攻撃と要求

水準を高める（自分の慢を傷つけた罰として）

↓

・そのような要求は、もちろん満たされない

↓

・さらなる無力感のため、さらに大きな怒りでそれを忘れようとする

↓

……

これはまさしく、地獄の業火に焼かれている自業自得の状態です。モンスター的な慢の人も、本当は苦しみ、自分の無力さを底深く感じているはずですが、怒ることが日常化し、癖になってくると、その無力さに気づかないどころか、怒ることにより一瞬生じる、「自分に力がみなぎる感じ」に喜びを感じるような状況に陥ってしまいます。

ここまで慢が肥大した人を、周りの人間が変えることはできません。もし変わることができるとしたら、本人がその苦しみに気づいて、苦しみを見つめるようになったとき

であり、周りの人の働きかけで変わることはありません。

私自身も、「この人はあまりにも慢が強くて嫌だな。苦手だな」と思う人はもちろんいます。そういう人とはなかなか平常心で向き合えずに、心が乱れてしまいがちなものですから、なるべく敬して遠ざけるようにしています。

他方で、この「苦手意識」を軽減する方法として、「慈悲の瞑想」というものがあります。その人の慢を想像し、その苦しみを理解しようと瞑想することで、苦手意識が薄れ、いつもより平常心で向き合えるようになります。

慢が強い人は、「愛されたい」と願いつつそれがかなうどころか、嫌われて避けられている人ですから、こちらが平常心で向き合うだけで、その攻撃性が多少、軽減される可能性もあります。己の無力さから逃げている人なんだなと、相手を受容することが建設的なアプローチとして、相手の攻撃性を緩《ゆる》める作用を発揮するかもしれないのです。

人の慢に取り入る行為は、結局高く付く

ただし、このように慢を含めて相手を受容することと、相手の慢に取り入って、相手

とうまくやろうとすることは違います。慢に取り入ろうとするというのは、たとえば思ってもいないことを言ったりして、ゴマをすることです。

「叱ってくださり、ありがとうございます」
「仰《おっしゃ》る通りです」
「おかげさまで助かりました」

このような言葉は、本当にそう思って言うなら何の問題もありませんが、作り笑顔で心にもなくこういう言葉を繰り返していると、結局は高い代償を支払うことになります。なぜなら、言葉と心のなかの気持ちが分裂していると、当然、そこに軋轢《あつれき》、葛藤が生じるからです。自分のなかで相反することがぶつかって、ストレスが溜まっていきます。自分の心に反することを言いつづけることは、気づかないうちに心にダメージを与えて、自分自身を損なってしまう、不自然な行為なのです。こういった分裂、葛藤を抱えすぎると心の病になることもあるでしょう。「舌先三寸《したさきさんずん》」「言葉はタダ」と思って世の中を渡っていたら、かえって高い代償を払うことになるのです。やはりタダほど高いものはないのかもしれません。

しかしながら、商売、取引という場面に目を転じてみると、相手の「慢心」につけ込む行為は溢《あふ》れているように見えます。営業の極意とは相手の慢心に取り入ることだ、と無意識のうちに考えてしまっている人すらいることでしょう。

たとえば、決定権者である部長を接待漬けにして自社の商品を採用してもらうといったことはよく行われることかもしれません。このような「籠絡《ろうらく》する」「籠絡される」という関係は確かによく見かけられます。

なぜ籠絡される人が多いのかというと、その接待の場がその人にとって、唯一「慢」が満たされる場であり、「愛されたい」という支配欲が気持ちよく満たされる場だからでしょう。

会社では部下はそんなに自分を慕ってくれない。家でも妻子に、たいして大切にしてもらえない。そんな人にとって、自分から何かを働きかけなくても（実際には、その地位による決定権に対して接待してくれるわけですが、その地位を手に入れたのは自分自身ですから、自分の慢とその地位は同一化しています）、勝手に飲みの席を用意してくれて、ちやほやしてくれる場では、「慢心」がとても満たされるわけです。

上手な接待にあえば、大抵の人は籠絡されてしまうというぐらい、「自分から働きかけなくても相手が進んであれこれとよくしてくれる」ことにより、くすぐられる慢の魔力は強いといえます。

ところで、多少の接待を受けても、それにより仕事がうまくいっていればそれで別にいいのではないか、という考え方もあるかもしれません。けれども実際には、籠絡されたことによって、自分の会社にとってベストの選択ができなくなっているケースはよくあります。競合他社のほうが、より安くて、より品質の良い商品を出しているのに、籠絡されているばっかりに特定の会社の商品を仕入れているとしたら、会社に対して損害を与えていることになります。

一方、籠絡している側にも問題はあります。相手の慢心につけ込むというのは、相手の判断を誤らせようとする目的があるからです。本当に自社の商品がベストであれば、誠意を持って仕事を進めていけば、いずれその商品を仕入れてくれるはずです。それができないからこそ、籠絡という手段で、判断を誤らせて自社商品を仕入れてもらうようにしているわけで、このような取引は、相手の担当部長が代わったら、あっという間に切られてしまいかねません。

そんなことにお金と時間を使うより、自社商品の改良を重ね、本当に素晴らしい商品として誠実に売り込んで、確固とした信頼関係を築くほうが、長い目で見ればよっぽど有益なのです。

つまり、相手の慢心につけ込む行為は、つけ込まれる人の心も、つけ込もうとする人の心もむしばみますし、商売としても長い目で見れば、籠絡するほうも、籠絡されるほうも、メリットが少ないように思われます。

この「籠絡する、される」という関係は、男女関係でもありますね。たとえば、好きな相手に自分を選んでもらいたいから、必要以上に相手をチヤホヤし、高価なプレゼントをあげたりする。これは相手の慢心につけ込み、相手の合理的な判断を誤らせようとする行為です。

しかし、そのようにしてつき合い始めても、なかなか長つづきはしないでしょう。籠絡されたほうも、時間が経《た》てば冷静な判断に戻ってゆくものですし、籠絡したほうも、いつまでも、最初と同じように相手をチヤホヤしつづけることはできないからです。

結局、仕事でも恋愛でも、無理をしたり、不自然なことは長つづきしないといえるでしょう。

分不相応な成功を目指すから疲れる

このような慢心につけ込む行為が、なぜ世の中のいたるところで見られるかというと、慢の働きによって、分不相応なものを手に入れたい、分不相応な成功をしたいと願うからでしょう。

自分の分相応以上にお金が欲しい、分相応以上に成功したい、分相応以上の素敵な恋人とつき合いたい、と背伸びをして、等身大の自分を無視しようとしている。そのためには相手の慢心につけ込むこと、思ってもいないことを口にすることも厭《いと》わない。そのように考え、働き、成功したとしても、心の幸せは手に入らないでしょう。無理して手に入れた地位や収入や人間関係を維持するには、ずっと無理をつづけねばならないため、それだけでストレスフルだからです。

先ほどから何度も述べているように、無理なこと、不自然なことは長つづきしませんし、そういう状態のときに、人は平常心で穏やかな幸せを感じることも難しいのです。

いまの世の中は、「過大な成功」が喧伝《けんでん》されています。書店を覗けば、成功者の自伝やハウツー本が溢れ、テレビにはセレブといわれる人たちの華やかな生活が映し出されます。昔から「立身出世」という思想はありましたが、インターネットなどのメディアの発達により成功者についての情報はよりたくさんばらまかれ、「成功への憧れ」が刷り込まれているようにも思われます。

そういった情報によって、分不相応な成功を手に入れることが幸せであると、若い頃から刷り込まれています。その無理をできることが、人間としての大きさである、といった思い込みです。

そういった思い込みを捨てて、自分の慢を戒め、誠実にやっていれば、相応な成功が手に入るのですけれども、自分の能力を超えたものに手を伸ばそうとするので、多くの人々が思い通りにならず苦しんでいます。

周りの人の慢につけ込んだ無理な人間関係ではなく、少数でも信頼関係に裏打ちされたきちんとした人間関係を築いていく。それこそが本当の財産となりますし、そういう人間関係を少しずつ築いていけば、その先に分相応な成功が手に入るはずです。それは、リラックスして、平静で、安定した「平常心の幸せ」といえるものです。

この章で見てきたことは、無条件で愛されたいという全能感を求めるがゆえに、かえって寂しくなり、無力感を覚え、それから逃れるために、怒り、その結果苦しむわれわれの姿だということです。

対人関係における慢の作用、「相手を支配したい」という思いを、根本から捨て去ることでしか、平常心に基づいた心の平安を得ることはできません。

人間関係に疲れたときや、人間関係で怒り、平常心を失っているときは、自分のなかの「支配欲」を注意深くモニタリングしてください。支配欲に気づき、支配欲を捨てる、支配することを諦めるだけで、平常心は取り戻せるはずです。支配欲を捨てて、その人の存在をそのまま「受容」するように心がけることが、人間関係を平常心で過ごす要といえるでしょう。

2章 なぜ、人を嫌いになるのか？

仕事、友人、家族との疲れないつき合い方

支配欲に気づく

「無条件に愛されたい」
という欲が
満たされず苦しむ

相手をそのまま受け容れる

相手を変えようと思う
支配欲を捨てると
楽になる

会社（仕事）の理不尽さは、諦めて受け容れる

それも給料の内と考える

3章

喜怒哀楽を、お釈迦さまはどう教えているか

——仏道式・感情コントロール

喜怒哀楽は、良いことか、悪いことか

この章では、一見すると平常心とは反対のところにあるように思われそうな「喜怒哀楽」について考えてみましょう。ときどき、「喜怒哀楽は、仏道でどのように教えているのですか？　いいことなのですか、悪いことなのですか？」という質問を受けることがあります。けれども、喜怒哀楽については、そう簡単に近道をして、ざっくりと〝いい〟とも〝悪い〟とも、白か黒かという具合には答えられないのです。

それはなぜか。それをじっくりとご説明するために、まず喜怒哀楽という四つの状態について、改めて考えてみたいと思います。

「喜」と「楽」は、プラスの感情を持って喜んでいる状態です。「喜」は嬉しくて大興奮しているイメージで、「楽」は「喜」よりも緊張が緩和《かんわ》されて、リラックスして安らいでいる状態でしょうか。「喜」が動的な興奮だとしたら、「楽」はもっとゆったりとした静的な快適さといえます。そして、この二つは快い「快」の状態と捉えることができます。

一方、「怒」と「哀」は、二つともマイナスの感情です。「怒」は嫌だと思って怒り、拒絶している状態です。「哀」は悲しんでいる状況ですが、起きてしまった物事を受け容れたくない、拒絶したいという心理であり、その意味では「怒」と同じ範疇《はんちゅう》の感情として捉えることができます。この二つは「不快」な状態です。

・快……喜
　　　楽

・不快……怒（哀）

喜びが生じて興奮しているときには、脳内でドーパミンという神経伝達物質が大量放出されていると考えられます。脳内は非常に複雑にできていますから、一つの神経伝達物質だけで単純化して説明することは少し乱暴なのですが、大雑把にはそのように捉えることができるでしょう。

まず、このドーパミンがどのような状況下で放出されるかを考えてみましょう。人間も動物ですから、動物のレベルで考えてみますと、どのようなときに快感を感じるかというと、基本的に自分の生存につながること、より自分が生き延びやすくなりそうなときです。たとえば、ジャッカルが獲物である兎《うさぎ》をたくさん見つけたようなとき、ドーパミンが放出されることでしょう。

このドーパミンの放出は三段階に分かれて行われるといわれています。

第一段階は、獲物などを見つけて「欲しい」と思った瞬間。次の段階は、それを手に入れようと実際に行動しているとき。ジャッカルであれば狩りを行っているときです。そして最後の段階は、獲物を「手に入れた」ときです。この手に入れたときに、ドーパミンはより大量に放出され、この流れが一段落するといわれています。

自分の生存にとってより役立つこと、より好ましいことに向かって条件付けられていくような仕組みになっているわけで、ドーパミンはその行為を促《うなが》す役目を果たしているのです。

反対に、自分の生存にとって不都合な状況に遭遇したとき、人間も含めた動物の脳内ではノルアドレナリンという神経伝達物質が放出されて戦闘的になるといわれています。不快な状況に対して怒り、拒絶しようとするのです。

たとえば、鶏の檻《おり》の前に野犬が現れたら、鶏は生命の危険を感じ、とても不快な状態となって、コココッコーッと大騒ぎをします。そしてその不都合な状況を打開するために、闘うか、もしくは逃げるという行動を取るように条件付けられているわけです。檻の前に野犬がいるというのは、檻があるので安全かもしれませんが、檻のせいで逃げることができませんから、鶏にとっては、とても苦痛の状態であると想像することができます。

このように人間も含めた動物は、自分の生存にとって好ましいことにはドーパミンを分泌《ぶんぴつ》し、好ましくないことにはノルアドレナリンを分泌する、「快／不快」の条件付け、仕組みで生きていると捉えることもできます。

好き／嫌いのシステムで、うまく生きることは難しい

「楽」についての説明は後回しにして、この「快／不快」「ドーパミン／ノルアドレナリン」のシステムについて、もう少し考えてみましょう。

「快／不快」は、「好き／嫌い」とも言い換えることができますが、「好き／嫌い」に応じて分泌されるドーパミン、ノルアドレナリンといったシステムによって、動物も人間も好きなことには近づき、嫌いなことや危険なことからは遠ざかったり、ときには闘ったりして自分の生存を守るということを繰り返しているのです。

では、このシステムに無意識的にのって生きていれば、好きなことには近づいて手に入れ、危険なこと、嫌いなことからは遠ざかるというように、理想的に生きていけるかというと、残念ながらそんなにうまくはできていないのです。このシステムに無意識にしたがっているだけでは、何らかの問題を抱えてしまうことが多いのです。

動物ですらこのシステムだけでうまく生きていけるかというと、犬のように社会性を持った動物ではそうもいかないこともあります。たとえば、私の実家のお寺では犬を三匹飼っているのですが、いつも私の父の「膝」をめぐって二匹のメスが争いを繰り広げています。膝に乗せてもらえなかったほうが嫉妬して、一種異常なほどにうなりつづけるのです。

生命の仕組みで考えれば、膝の上に乗せてもらえなかったからといって、直接的に、自分の生存が脅《おびや》かされるということはないはずです。しかし、優先的に自分が扱ってもらえなかったということを、優先的に餌がもらえなくなるという不安にまで結びつけてしまって、不快を感じ、その結果、嫉妬してうなるという行動に至ってしまうわけです。

このうなるという行動は、自分の生命の維持についてうまく機能しているとはいえません。むしろ、うなってしまうことで飼い主の不興を買い、かえって生存を脅かす可能性すらあります。

同じようなことは、人間でも起こります。兄弟姉妹は、親の愛情を奪い合います。生命の保存欲求に基づいて、他の兄弟よりも親からの愛情をたくさん得たいと行動します。あるいは、兄弟でちょっとでも自分が不公平な扱いを受けていると感じると、著しく不快を感じて、機嫌が悪くなって、親に対して悪態《あくたい》をついたりします。

しかし犬の場合と同じように、このような嫉妬に基づく行動が、親の愛の確保につながることは稀《まれ》で、反対に欲深い子だと疎《うと》まれてしまうことも多いでしょう。

犬も子どもも、自分の生存を脅かしそうにない事柄にまで、勘ぐりすぎて不快を感じて怒り、その結果、自分自身もずっと苦しい状態に置かれてしまうわけです。つまり、快・苦のシステムに無意識にのって生きるだけでは、うまく生きていくことは難しいのです。

刻印される「苦手意識」によって、生きづらくなる

このことは動物や子どもにかぎらず、大人でも同じようにいえます。むしろ大人のほうが、生きている社会が広いぶん、気をつけないといろいろな不都合を生じてしまうといえます。

自分の生存に有利なことは好き、不利なことは嫌い、というシステムに無意識にのってしまうと、あらゆることに嫉妬をして苦しんでしまうことになりかねません。

たとえば、プロ野球選手にとってサッカー選手は嫉妬の対象にならないかもしれませんが、有望な若手野球選手に対しては、自分の存在を脅かすものとして、潜在的に怒りを覚えます。芸能人であれば、視聴率を稼げるタレントに対して、自分の出番を減らす存在として、嫉妬します。会社員であれば、有望な若手社員が入ってきたときに、自分の存在を脅かす者として嫉妬するかもしれませんね。

嫉妬という感情そのものが苦しいものであることは間違いありませんし、嫉妬という感情に支配されて、かえって自分がやるべきことが疎かになるケースも多いでしょう。そうなってくると、快・苦のシステムが生存に有利になるどころか、かえって不利に働いているといわざるをえません。

もう一つ、嫉妬の他に「苦手意識」という問題もあります。たとえば、ある仕事に失敗した、人前でうまく話せなかった、苦手な上司に叱られたといった場合、不快の神経回路が活性化して、それに対して怒り、その状況から逃げ出したくなります。これが繰り返されて「苦手意識」にまでなってしまうと、同じような状況に陥ったときに、ますますうまくすることができなくなります。

もちろん、状況から逃げ出すことができればそれでいいというときもありますが、逃げてばかりいては社会人としての役割をまっとうすることができないことのほうが多いはずです。

また、好きなことをしているのに、ちょっとした失敗を心に刻んだせいで、「好きなのにやりたくない」、といった状況に陥ることもよくあります。

たとえば、歌が好きな人がカラオケに行って、思いがけず音程を外してしまい、みんなから失笑を買ってしまう（あるいは失笑を買ったと本人が思い込む）と、そのようなことが起こります。歌は好きだし、それまではうまく歌えていたのに、次からものすごくドキドキしてしまうのです。みんなが自分をまた軽蔑するのではないかと、まだ起きてもいないことに身構えて、好きなことなのに、不快な感情も覚えているのです。

もう一つ例を挙げれば、草野球でエラーをしたときにも、同じような感覚を持つでしょう。エラーをして、チームメイトから白い目で見られたと思うことによって、その次に飛んできた何でもない打球まで、またエラーしてしまうようなケースです。プロ野球選手の場合は生活を賭けて野球をしていますのに、そんなところにまで、「好き、嫌い」という次元が割り込んできて、心をかき乱すのです。余計な苦手意識のせいで、守備や打撃の成績が悪くなってしまうことはあるはずです。

こうやって仔細に見てくると、やはり快・苦による「好き／嫌い」のシステムでは、うまく生きることができるどころか、かえって生きづらくなるということが見えてきます。

怒るという業を積むと、必ずその報いを受ける

あるごとに失敗して、その瞬間にとても興奮をして、「うわあ、いやだ、ダメだ」と思ってノルアドレナリンの回路を活性化させてしまうと、それと同じような状況に立たされるたびに、同じ神経状況が自動的に再現されるようになります。ノルアドレナリンが条件反射的に分泌され、「はい、苦しいですね。回避しなさい、逃げなさい」という指令が、好むと好まざるとにかかわらず下されるようになるのです。

さらには、同じような状況に立たされなくても、似たような情報を見たり、聞いたりしただけで、心理的な不安や恐怖が襲ってくることもあります。ノルアドレナリンが自動的に活性化して、身体と心がつらい状況をつくるのです。

わかりやすい例でいえば、部長に厳しく叱責されたあとに、遠くに部長の顔を見ただけで、胸がドキドキとして、不快なイヤーな気持ちに占領されてしまうようなことです。

このような失敗による苦手意識、あるいは何かを悲しむということも、その状況を受け容れたくない、拒絶したいという意味では「怒り」と同じことです。

どのような形であれ、一回「怒る」という業を積むと、その結果として必ず報いを受けるのです。怒るということには、その後、同じような状況に立ったとき、あるいは似たような情報に触れたとき、マイナスな精神状態に陥り、身体にも負担がかかるという負のフィードバックが必ずあるということ。

そういう意味では「怒る」というのは、かなり恐ろしいことであり、だからこそ仏道では厳しく戒めているのです。

自分の神経の仕組みに気づくこと

ではノルアドレナリンのシステムに心と身体が支配されてしまうことを防ぐには、どうすればいいのでしょうか。

一番良いのは、「そもそも怒らない」ことですが、これは、なかなか難しい。瞬間的に「イヤだな、受け容れたくないな」と思ってしまうことは誰にでもあります。先に結論を申しておけば、心が怒りを感じてニュートラルさを失うのは仕方ないことと受け容れて、そのようにブレても、ゆったりとニュートラルさを取り戻すことが重要です。

ここで、いったん回り道をして考えてみますと、「イヤだな」と思って危険から逃げる、ノルアドレナリンのシステムは、もちろん生存にとって役に立つことも多々あります。たとえば、きな臭《くさ》い臭《にお》いをかいだら、いち早く火事の危険を感じて不快になり、逃げ出すことが生存にとっては役立ちます（本当は、不快さに焦って逃げるより、単に平静に逃げるほうがさらに安全なのですが）。

ところが一方では、ノルアドレナリンのシステムが働くことによって、かえって生命が危険にさらされることもあります。たとえば、水のなかで溺れてしまうようなときです。

水深がかなり深い海に、海岸まで二〇メートルの地点で放り込まれたとします。その人は普通だったらプールで二五メートルぐらい平気で泳げるような人だといたしましょう。ここで生命の危険を感じ取り、ノルアドレナリンシステムが作動して興奮状態になってしまうと、じたばたするせいで、どんどん溺れてしまいます。浮き輪もないし、深い海だという状況に心が怒り、それを受け容れたくないと思うと、身体中の筋肉が硬直したり、痙攣《けいれん》したりして、勝手にジタバタと動き始める。要は、自分の意思では操作不能な状態に身体がなってしまうのです。

ノルアドレナリンシステムというのは、やはりとても大雑把なものなんですね。そのシステムで助かる人もいれば、そのシステムの弊害で死んでしまう人もいる。種の保存ということで考えれば、一定数の命が確保できればいいわけですから、その程度の大雑把さで構わないということなのだろう、と私は考えています。

こうやって見てくると、「そもそもまったく怒らない」ということは、なかなか難しい。ノルアドレナリンシステムも、プラスに働くこともあれば、マイナスに働くこともある、という現実にどのように対処すれば良いのでしょうか。

それはやはり、怒っているとき、興奮しているときに、自分がそのような状況にあると気づいていることが重要なのです。1章で述べた「心のモニタリング」です。はっきりと怒りの対象がわかるときだけでなく、何となく不安だ、何となく嫌な思いがする、といったときも、「ノルアドレナリンシステムの仕組みが命じて、自分はいま嫌な気持ちになっているんだな」と認識することです。

その神経システム全体を、俯瞰《ふかん》的、あるいは鳥が空を飛んでいて下を見る鳥瞰図《ちょうかんず》的に遠くから眺めるようなイメージです。自分の心と身体のなかで起こっていることを認識して、受け容れるのです。

先ほど述べた溺れかかっているときも「ああ、神経がやられている。自分の心が怒っていて、この状態を拒絶することで大興奮に陥っているんだな」と認識することができれば、身体は操作可能となります。危険な状況は状況として認識し、大興奮させる苦痛の部分は削除することができるようになります。

言い換えれば、冷静に落ち着きを取り戻して、目の前の状況に対処できるようになるということです。

実際に危険な状況になったとき、そのように落ち着いて対処できるかどうかは、ひとえに普段からのレッスンにかかっています。怒り、嫌な気分、不安を放置せず、その命令のままに動くのではなく、その命令に支配・洗脳されそうになっているこの心をしっかりと認識することを日々、積み重ねることが大事なのです。

心が不快状態に自分から陥ってゆくバリエーションには、漠然とした「不安」というものもあります。なつかしく思い出されることには、かつて私はふっと手もちぶさたになったとき、何が何だかわからないけれど「何かが不安で」、いてもたってもいられず苦しくなる、ということを時々、体験していました。過去に特定の人や物や事に対して不快になった業が心に刷り込まれ、その不快感が反復するときに、具体的な対象抜きにただ不快になることもあり、そんなときは漠然とした不安を抱くのです。不快感を心に刷り込むのをやめていけば、不安に陥ることはなくなりました。

不快の神経システムによって、実際には起きていないことを先読みして危険を察知する、あるいは不安が明確な対象を持った場合は、「恐れ」という形であらわれます。動物で考えれば、恐れを感じながら、用心深く行動したほうが生存確率が高まるのは当然ですから、人間にもそれがあるということです。

このように、わけもなく不安になるときも、勝手に先読みして恐れを抱き苦しい状態のときも、「また、神経システムによって不安を感じさせられているんだな」と認識することで、苦痛は緩和されます。あるいは、「過去に起こったことがまた起こるんじゃないかと、先取りして恐れを感じているんだな。あのとき拒絶したことによって、また拒絶せよと命じられているんだな」と過去も含めて、認識するのです。

そうすることで不安による苦痛は取り除かれ、落ち着きを取り戻すことができます。大切なのは普段からの「自己認識」の積み重ねです。

先に申した結論をここで繰り返します。怒ったり、不安になったり、嘆いたり、恐れたりするのは「いまの自分にとっては自然なこと」と受け容れつつ、いつもニュートラルなところに戻ってくるようにしてやるといい。「絶対に怒らないぞ」とムキになっているのが平常心というわけでも、ありません。そうではなくて、そういった力みを離れて、怒ってしまう自分をも恐れてしまう自分をも柔らかく受容しつつ心の揺れを静めることのできる柔軟性のなかに、平常心というものがあるのです。

ドーパミンシステムはうまくいくか？

これまで「快／不快」のうち、主に怒りという感情と、それを司《つかさど》る神経システム（ノルアドレナリン）について見てきて、そのシステムではうまくいかないことがわかりました。それでは「快」に関係する「ドーパミン」にしたがって生きていればうまくいくか、ということについて検証していきましょう。

ドーパミンは「欲しい」と思う感情や、意欲、学習などに関係して放出されるといわれていますから、最近の世の中では肯定的に捉えられることが多いです。ドーパミンが放出されるような仕組みをつくって、仕事や学習の成果を上げよう、といった考え方がそこにはあり、そういう見解を述べる脳科学者も存在します。うーん、どうでしょうか。

ドーパミンというのは、仕事がうまくいったり、その結果人に褒められたり、人に好かれたりといった「快」の感情を感じると放出されます。ドーパミンの放出は、すなわち「快楽」と捉えることができます。この快楽に味を占めて、快楽を反復したいと願うのが「欲望」です。

このシステムにのって生きていれば、「快」の状態が繰り返されるわけですから、何の問題もないのではないかと思われるかもしれません。確かに、仕事がうまくいって上司に褒められて喜べば、もっと頑張ってさらに上司に褒められようと仕事に精を出すようになります。そういう意味では、仕事に前向きな循環が生まれるという良い面ももちろんあります。

しかし、ドーパミンの分泌を追い求めてそのシステムにのってやっていくことで、平常心の幸せのなかにいられるようになるかというと、そんなにうまくはいきません。

それは軽く先述しましたように「快」を感じる状態、つまり「快楽」は、必ず「慣れ」を生じるからです。仕事で成功して上司に褒められて喜んでも、次に成功したときに、上司に前と同じように褒められて快感物質が分泌されても、それを感じる受容体《レセプター》が慣れてしまい、いわば「不感症」になるため、あまり満足できなくなるのです。結果として、神経レベルではもっともっとドーパミンを多量に求めるようになりイライラし、心理レベルではもっともっと強い賞賛を心の底で求めるようになります。同じだけの賞賛では、あまり気持ちよくなれないので、かえってストレスが生じてくるのです。

その結果、賞賛が足りなくて苦しい、寂しい、という感情を抱くことになります。快の状態、満足の状態を求めたのに、結果的には不快の状態、不満足の状態になってしまうのです。

この不満足、寂しい、足りない、という思いは、人間関係において「快＝ドーパミン」を追い求めれば追い求めるほど、必然的に増していきます。なぜなら、私たちの心には必ず「慣れ」が生じる上に、人間関係における「優しさ」などは、ほとんどのケースで最初が一番多くて、徐々に少なくなるからです。

私たちは、まったく知らない人に対して優しさを期待することはありませんが、知り合って一度優しくされると、必ずより高い水準で優しくしてくれることを求めます。

恋人ができてつき合いはじめて、手料理をご馳走《ちそう》してくれたとします。「前の彼女はこんな手の込んだものは作ってくれなかったのに、いまの彼女は作ってくれて嬉しい！」と興奮して、ドーパミンが大量に分泌されます。しかし、手料理を食べることが繰り返されるうちに「慣れ」が生じて、それが「当たり前じゃん」と思うようになり、あまり喜びを感じられなくなるのです。そして、心のなかでは「もっと大事にして欲しい」「もっと優しくして欲しい」といった不満を抱いていくことになります。

料理を作ってくれた彼女にしても、最初は張り切って手の込んだ料理を作りますが、いつもいつもそんなに手の込んだものは作れないので、徐々に簡単な料理になるものでしょう。

最初の「快」に「慣れ」が生じていることに加えて、彼女の優しさも減ってきたと感じてしまう。そのことで、快を求めていたはずの心に、かえって不快な状態が生じてしまうのです。

あるいは、職場で新入社員は最初は優しくされるケースが多いです。これも徐々に本人の成長のためも考慮されつつ、手取り足取りの指導は減り、これまで先輩が手伝ってくれたことも、自分でやらなければならなくなります。これは自分の成長のために必要なんだとわかりつつも、これまでしてもらえたことをしてもらえなくなることに、不条理な寂しさを感じるのも人間なのです。

このように、人間の優しさというのは、通常知り合って最初が一番優しく、慣れ親しんでくるにつれて、徐々に減っていくのが普通です。たとえ優しさの水準が最初の頃と一〇〇パーセント違わない、という人がいたとしても、私たちの心には必ず「慣れ」が生じますから、同じ水準の優しさが奇跡的に維持されてすら満足できなくなるのですから、ましてや減ってゆくことは余計に苦痛でしょう。

つまり、ドーパミンによる「快」は、「足りない」「寂しい」「苦しい」といった「不足による不快」と密接に結びついているのです。ドーパミンは「手に入れたい」という欲求でもあります。手に入れたいけど手に入らないという「欠乏」ももちろん苦しいですけれども、手に入れたと思っても、同じレベルではもの足りなくなってきて、苦しくなっていくのです。

ドーパミン回路は、必ず「もっともっと」と暴走して、どんどん苦しくなっていきます。ですから、ドーパミンがもたらす快楽の罠《わな》にはまった人は、幸せになるどころか、実は不満足で、苦しい状態で人生の大半を過ごすことになってしまうのです。

快楽主義者の現代人は、実は苦しんでいる

現代は気持ちいいことはよいことだ、といった快楽肯定の時代ですから、ドーパミンの罠にはまって、かえって苦しんでいる人は大勢いると思います。

典型的なものはたとえば、タバコ。喫煙はニコチン中毒という依存症なわけですけれども、喫煙者はタバコを吸うことでニコチンの受容体《レセプター》が満たされ、一時の快楽を味わいます。ところが、時間が経つにつれて体内のニコチン濃度が減っていきますから、ニコチン不足が起こり、つまりニコチンがなくてイライラした苦しい状態となり、その結果

タバコを求めて吸うことで、苦しみから解放される一瞬の快楽を得ることになります。

果たしてこの生活が、快い生活といえるでしょうか。タバコという「快」が実は、ニコチン不足という「不快」を前提として、その「不快」を取り除くことによって生じるものにすぎないのですから。タバコにより「不快」を自分に与え、そしてその「不快」をタバコにより取り除いて「快」を感じる、という実に奇妙な、手品みたいなことをしているわけで、むしろ「不快」の時間のほうが長いということがよくわかると思います。

この状況を『禁煙セラピー』（アレン・カー著、阪本章子訳、ロングセラーズ）という本では、「喫煙者はタバコの奴隷である」と教えています。タバコを吸っている人は、すべての出来事が一服と一服の「あいだの出来事」であり、何事も本当には味わえないし、楽しめない、ということです。たとえば、美味しい料理を食べているときも、心のどこかで常に、その後の一服のことを考えてしまうのが喫煙者というものです。料理も本当には味わえていないのです。

喫煙を快楽と置き換えてみれば、同じことがいえます。刺激的な快楽を求めて止まない人は、その快楽の奴隷になっているといえるのです。何をしていても、心は違う刺激、快楽を求めて、不満足な状態のままです。

タバコに限らず、お酒などもその典型です。私はお酒を飲みませんが、日本はお酒に寛容な国ですので、お酒好きという人も多いです。お酒もたまに楽しく飲むのはいいでしょうけれども、苦しいことから逃げ出したい、嫌なことを忘れたいと思って逃げて飲むお酒は、かなり危険です。「受け容れたくない」という怒りを、お酒の力を借りて忘れるわけですが、酔っているときに一瞬忘れるだけで、根本的な解決がなされるわけではありません。酔いが覚めても嫌な気持ちは残っていますし、嫌なことからお酒で逃げたという自己嫌悪も加わるでしょう。

お酒を飲んでいる一瞬の快楽のために、その後、嫌な時間が長引く。そして、その嫌な気持ちを忘れるためにまたお酒を飲む、となるとアルコール依存症が近づいてきます。アルコール依存症は、最後は連続飲酒になりますが、苦しみを忘れるために飲むアルコールが、さらに自分の心と身体を苦しめてしまうという、痛ましい状況です。

アルコール依存症ほど深刻な病気でなくても、苦しみから逃れるために一瞬の快楽を求めて、自分を苦しめている人は多いと思います。たとえば「暴飲暴食」もそうです。

イライラするといわゆる〝ドカ食い〟をしてしまう人がいますが、嫌な気持ちを、食べることの快楽で紛《まぎ》らわす行為です。食べ物を詰め込むことは脳に一定の快楽を与えます。人類は歴史上、極めて長い間にわたり飢餓状態でさまよってきた結果として、少しでも食べ物をたくさん追い求めるように設計されてきたのでしょう。そうして生存欲求を追求するための仕組みとして、高カロリーの指標になる脂質・糖質・たんぱく質が舌に触れると、ドーパミンが脳内に分泌されて快楽が生じ、「もっともっと、食べろ！」と命令が下るように、設計されているのです。

食べ物がめったに手に入らない頃なら、それでよかったかもしれません。けれども現代日本のように食べ物がいとも簡単に手に入ってしまう状況では、欲望のままに高脂質・高糖質のものを食べ続けて快楽を連射することを通じて、太りすぎたり糖尿病になったり、過食症をもたらしたりしています。つまり、タガが外れた生存欲求が、皮肉にも生存を脅かしているのです。

食べることで得られる強力な「快」が、現実のストレスを忘れさせてくれるからこそ、ストレスが強い人ほど、食欲の罠にからめとられてしまいがちでしょう。ストレスを逃れるためのドカ食いは、最後、苦しくなるところまで食べるのをやめることができません。それはなぜかというと、最初は食べる「快楽」の刺激で、そして最後は食べすぎた「苦しみ」の刺激で、嫌なことから目を逸らそうとするからです。自分が嫌なことから目を背けるために、嫌なことの代わりに快楽や苦痛で自分を満たしておこうとする行為です。

このように見てきますと、快楽と何かから逃げるという行為が結びついたとき、快楽を求めることがより危険になることがわかります。そして、人は苦しいことから逃げるときには、その苦しみを忘れるために、より強い刺激、より強い快楽を求めますから、快楽と逃避は必然的に結びつきやすいのです。

お酒、タバコ、あるいはお笑い番組や映画、音楽といった快楽を、現代人に向かってすべてやめたほうがいいと申すことはできません。ただし、ドーパミン回路にはまること、快楽の危険性は認識して、その罠にはまらないように心がけてください。

「好きだ」と脳に錯覚させられている

「喜」の感覚は生存に役立つことの快感を背景にして、「好き」という感情と結びつきやすいです。けれども私たちが「好き」と思って、ドーパミンを脳内分泌する仕組みが、いかにいいいいかげんなのかを、見てみましょう。

少し、回り道をさせてくださいね。てんかんの患者さんの治療のために、左脳と右脳をつなぐ脳梁《のうりょう》という神経の束を切断することがあるそうです。そんな患者さんを相手に、こんな具合の実験が行われたといいます。

例そのものは私が改変していますのでご了承ください。患者さんの左側の、右目には見えず左目だけに見える位置に、「すてきなお人形さん」という文字の書かれたカードを置きます。すると、周知の通り、身体と脳とでは分担する領域が左右反転していますので、被験者の左視野から入ってきた情報が右脳でイメージとして認識されるものの、その情報を左脳の言語を処理する部位に送る経路が切断されているため、言葉として何が書かれているのかは、まったくわからないのです。「何が書いてありますか?」とたずねても当然、「わかりません」。

けれどもその後で、被験者の目の前に、たとえばお人形と、マンガと、ラジオを並べておいたとするなら、無意識的にその人は、お人形を手に取ることになります。ここから本題に入るのですけれども、「どうして特にお人形を選んでさわっているのですか？」と質問してみると、たとえば次のような答えが返ってくるのです。

「いやはや、このお人形の髪質が本物の質感を実現しているのがたいそう好ましく思われたからですよ」などと。

ここで、第三者からしますと、「単にカードに書かれた内容に、無意識的《サブリミナル》に影響されて、それが素敵だ、好きだ、と思い込まされただけでしょう」、という観察が成り立つでしょう。

けれども本人にとっては、自分がなぜ、目の前の人形を気に入っているかは、まったくわからないのです。ところが人の心は生意気にできているものでして、「自分がなぜ、これを好きでいるのかわからない」という状態が気に食わないので、強引に理由を、後付けでつくりあげるのです。

後付けで強引、とは申しましても本人が自覚的に嘘をついているわけではなく、心が作り出した偽の理由を、本気で信じ込まされている、というのがポイントです。

ということは、そもそもこれに限らず、私たちが「○×△だから、好き」と思っていることのほとんどは、心が後付けでつくりあげた嘘を信じ込んでいるだけ、とも申せるかもしれません。典型的には恋に落ちることが、「落ちる」という表現の通り、なぜ相手を好きになったのかうまく説明できない、そんな体験として味わわれます。生物学的には、遺伝子情報の離れた男女同士が結びついたほうが、強い子孫が産まれると言われます。それをもとにして、私たちは匂いなどの複雑な情報を通じて、無自覚的に、遺伝子情報の遠い相手を好きになってしまう、ともいわれるようです。そんな具合に、無意識の情報に操られているのが、私たちの現実。

　にもかかわらず、私たちの心は「性格が好き」とか「目が好き」とか「ファッションの趣味が合うから」とか、手近にある理由をむりやり持ってきては、自分を納得させたがるのですよね。「自分が」納得できる理由がないと、我慢できない、ということ。しかしながら実際は、「自分」などというものは抜きにして、「好き」というのはドーパミンの快感とともに無意識《サブリミナル》で生まれているのです。なぜなら、脳内快感物質が分泌されている、という裏舞台を通常私たちの意識は自覚できませんから。

こうして、本当の裏舞台を知らないままに、嘘の理由を本当だと信じ込まされる（信仰！）がゆえに、「どうしても好きで手放せない」と追い求める、各種の依存症が成立いたします。裏返して申せば、「自分」などはまったく無関係に、無意識的な快感刺激にあやつられていただけなんだな、と気づいてやれば、信仰がとけて、依存症が治ります。「自分が」好きになっているんじゃなくて、好きにならされていただけなんだな、と気づくとき、それはいわば、「我」の錯覚をといて、「無我」の真理が少しだけ腑におちた、ということでもあります。

「自分が」という錯覚が弱まるのに比例して、そこには盲目的な「好き」から自立した、平常心が生まれることでしょう。

人は記憶に呪われている

「快／不快」のシステムは、私たちの「記憶」と密接に結びついています。

たとえば、ある食物を食べて、あまりの美味しさに驚くような経験をすることがあります。それは生まれて初めて食べたフレッシュな苺《いちご》の味に「何て美味しい果物なのでしょう」と感動することだったり、あるいは気取ったレストランでの、極めて複雑な味つけをされたキャベツが舌を刺激する感動かもしれません。「キャベツがこんなに美味しかったなんて！」とか、ね。何にしても、その驚きが大きければ大きいほど、「快」の経験が記憶に深く刻みつけられ、刷り込まれることになります。

　そして、その「快」を繰り返したい、再びあの味を味わいたいと渇望するようになっていきます。しかしながら反復したい、と刷り込まれるわりには、悲しいことには、厳密な意味では二度と同じ強度で〝反復〟することはできないのです。最初の衝撃を覚えているだけに、二回目、三回目の味は「慣れ」が生じてきて、必ず最初の九ガケ、八ガケ、と「快」が減っていってしまうのです。だからこそ、「もっと美味しかったはずだ」「もっと美味しいものがあるはずだ」と目の前の料理に満足できず、さらなる「快」を求めてしまうのです。

　美味しくて感動したという記憶に呪われて、いま、目の前の料理をしっかりと味わえないということは、しばしば起きます。

　あるいは「不快」の記憶に呪われる話のほうが、よりわかりやすいでしょう。自分がものすごく苦しい思いをしたことは記憶に深く刻み込まれていますから、それを思い起こさせるような物事に出会うと、それだけで苦しくなってしまいます。

たとえば、友人に手ひどく裏切られて、ケンカをして縁を切るなんてことをすると、その不快感は強く心に刷り込まれます。そうやって一度、刷り込まれてしまいさえすれば、あいにく、準備OK。単にその友人が好きだった本や料理なんかを見ただけで連想が働いて、反射的にそのときのつらい思いが湧き上がってきてイライラしたり苦しくなってしまうことでしょう。あるいはつらいことがあった場所と似たような場所に行くだけで、苦しくなってしまう。自分が嫌いだった人と似たような顔を見たり、声を聞くだけで、ぞっとしたりする。

これらのことはすべて「不快」の記憶に呪われていて、いわば不快情報が脳に刷り込まれ「洗脳」されている状態といえます。この状況があまりに深刻になるとトラウマ(心的外傷)などの病気の状態となってしまいます。

「快/不快」のシステムの支配力の強さ。そしてそのシステムによって繰り返され、蓄積されていく経験と、その記憶に呪われている人間という存在。「喜怒哀楽」の「喜怒

（哀）」について仔細に見ていきますと、そのような苦しみに満ちた人間の姿が浮かび上がってくるのです。

「楽」はやはり、心と身体にいい

「喜怒哀楽」で最後に残った「楽」について考えてみましょう。「楽」というのは、緊張が緩和された、リラックスしている状態のことです。「ああ、らくちん、らくちん」という素朴な表現で表される状況ですね。

脳科学者の方と話をしたときに、そういった楽な状態で感じているさまざまな感覚は、記憶として蓄積されずにどんどん忘れていくのだと、仰っていました。確かに「喜」や「怒」のような強烈な刺激とともに刷り込まれることがないため、記憶に刻み込まれて、記憶に呪われる形で反復されるようなことは起こりにくいでしょう。

ただし、ここで一言つけ加えておきたいのは、「忘れる」という言葉を使うときでも、それは記憶から完全に欠落することにはならない、ということです。なぜなら、瞑想する者の立場から申せば、私たちの複雑な情報処理システムは、いわば記憶の図書館の奥深くに人生を通じて見てきたすべてのものを覚えていますし、聞いたすべてのものを覚えていますし、嗅《か》いだすべてのものを覚えていますし、身体で感じたすべての感覚を覚えているからです。

さらに、人生を通じて考えてきた膨大な量の思考もすべて覚えています。それらはすべて、記憶のデータベースのなかに刻み込まれて、格納されています。だからこそ、「忘れた」つもりでいても、それを思い出し連想させるきっかけさえあれば、いつでも瞬時に思い出すことでしょう。

「楽」な状態で感じたことは忘れやすいと申しましたのは、「喜」や「怒」のように繰り返し反復されるような形では記憶されないということであって、完全に忘却するということではないということです。

このようにして蓄積される膨大な記憶こそが、仏道で教える「業（カルマ）」そのものなのですが、ここではこの話はそれぐらいにして、「楽」に話を戻しましょう。

「楽」なときに感じたこと、考えたことは忘れやすく、繰り返し反復されるような形では記憶に残りません。つまり、記憶に呪われることが少ないといえます。この「楽」な状態は、必ずしもぼーっとしているときにだけ訪れるわけではありません。たとえば走るのが好きな人は、一生懸命走っているときに心がリラックスしていれば、その状態を「楽」と解釈して差し支えありません。

こだわらないのが「楽」の共通点

「楽」な状態、リラックスできる状態は人それぞれですけれども、すべての「楽」に共通しているのは「あれこれとこだわらない」ということです。ものすごく欲しくて追い求めるとか、ものすごく嫌で逃げるといった状態とは対極にある状態です。

痛いとか寒いとか暑いとか、音がうるさいとか、職場で同僚からちょっと嫌な扱いを受けているといった状態に対して、私たちはすぐに回避行動を取りなさいという「不快」からの命令を受けます。この際、快・不快を感じる原因は、過去にそれらを見たり聞いたり触れたりした際に「いいものだった」とか「悪いものだった」という、記憶が呼びさまされるからです。こうした快・不快の記憶が活性化するとき、脳の扁桃体と呼ばれる部位が活動を活性化している、といわれています。けれどもたとえば「不快」の命令に対して、すぐに回避行動を取らずにいると、その状態に留まってだんだん慣れてきて「まあ、いいかな」という感じになってくるものです。そのとき、脳内ではセロトニンと呼ばれる、心の落ち着きや安らぎを司る神経伝達物質が放出されやすくなります。現時点でわかっている範囲では、セロトニンの分泌が高じると、快・不快の記憶に関わる扁桃体の活動が抑制されるようです。つまり、「ま、いっか」とこだわらないでいると、過去の記憶から自由になるのだと、解釈できようかと思われます。

こういう状態になると、いつのまにか痛さや、寒さや、暑さや音といったものをそれほど不快には感じなくなるのです。「まあ、いいかな」と受け容れて、そして「捨て置く」という態度が、回避行動を取らなくても、不快に感じることを減らしてくれる。そしてそれは、不快な刺激を刷り込まれて何度も思い出し反復させられたり、快感を刷り込まれて何度も反復したくなる、扁桃体による記憶への奴隷化、すなわち「洗脳」を解き、それらを忘れた上で記憶に位置づけることにつながります。

ということは、扁桃体の機能が抑制されることによって私たちは、「以前に美味しかったのと較べて……」とか「前にイヤな目にあわされた人と似た雰囲気だから避けたい」といった過去を離れて、「いま」を純粋に味わえるようになる、とも申せるでしょう。

そのようなわけで、過去に支配されずに新しい「いま」に向かって心を開いてゆくためにも、「楽」は重要な働きをしていると考えられます。裏を返しますと、いま行っている目の前の「いま、この瞬間のこと」に心が没頭して打ち込んでいる覚醒状態にまで持っていってあげると、過去が活性化する余地はなくなるとともに、とても「楽」な状態になります。

この「楽」な状態では、記憶の参照が抑制される結果として、快・不快の影響力が落ちるため、心が打たれ強くなります。「今日は暑いけどあまり気にならないな」「お隣がうるさいけど、今日はなぜかそんなに気にならないな」と。この打たれ強さの本質は、外界の情報からの自立性が強くなることと申せようかと思われますけれども、これこそが平常心の重要なポイントなのです。

不快を感じる状況に打たれ強くなるだけでなく、快を求めなさいという「欲望」に基づく指令に対しても、「まあ、いいかな」としばらく放っておくことができれば、心理的には楽な気持ちになることができ、神経レベルではセロトニンという、安らぎと覚醒を司る神経伝達物質の分泌が高じて、安らぎます。

反対に、「あの服が、すごく欲しい」「いますぐにでもハワイに行きたい」と思ったときに、すぐに行動してしまうと、快感と欲望の回路にスイッチが入ってしまい、あとから「もっと欲しい」という苦しみを招く業を背負うことになります。

いまの日本は経済力が衰えてきているとはいうものの、戦後すぐに較べればはるかに恵まれています。欲しい洋服も海外旅行も、その気になれば若い人でも簡単に手が届きます。お金を借りることも容易になってきましたし、安くて良い洋服も増え、円が強くなったおかげで海外旅行のハードルもぐっと下がりました。

では、それで幸せになったかというと、欲望が生まれてから達成するまでのあいだに「待つ」「忘れる」のスイッチを入れて心を安らがせることができなくなるぶん、安らぎを失ってしまっています。これまで何度も述べてきたように、「快／不快」のシステムによる支配がますます強くなって、かえって苦しんでいるのが現実です。

プロセスを楽しむ、という処方箋

一昔前の日本人は、洋服を買うにしても、海外旅行に行くにしても、簡単には実現できませんでした。それを実現するためには、ゆっくりお金を貯めたり我慢したりするという「プロセス」が必要だったことでしょう。

いまのように「欲しい、したい」→「すぐ手に入れる、すぐやる」ということができなかったがゆえに、「待つ」時間や「諦める」時間が用意されていて、そのことによって自然にセロトニンの分泌が高じて心が安らぎのほうへとシフトする余裕があったとも申せるでしょう。結果として「快／不快」のシステムが強化されることも少なかったですし、プロセスを楽しむことができたのです。

「楽」の回路を強くするには、プロセスを楽しむということは、一つの有効な方法です。

料理一つ取っても、現代はインスタントラーメンに象徴されるように、簡単に、すぐ済ませることができます。お腹が空《す》いた、と思えばコンビニに行けば大抵のものはすぐに手に入ります。「食べる」という行為一つ取っても、「お腹が空いた」→「すぐ食べる」→「快感が生じる」→「快感が消える」→「物足りなさが残る」→「刷り込まれる」→「繰り返したくなる」というシステムが整備され、強化されているのです。

家庭の料理のレシピでも、宣伝されるのはいかに手間暇をかけずに、簡単に、美味しい料理を食べられるか、ということになりがちだったりします。「彼につくってあげる5分でパパッとレシピ」とか、ね。あらゆることで、「ショートカット」が賞賛され、求められ、資本主義というシステムのもと、「ショートカット」したい人々の欲望に火をつけながら、強化されつづけているのです。

そのショートカットの回路を断ち切って、あえてプロセスを楽しんでみる。料理だったらインスタント食品ではなく、しっかりと手順を踏んで料理をする。いつもいつも手の込んだ料理を作らなくても良いのです。週末、時間があるときはゆったりと料理を作るプロセスを楽しんでみる。その手間を楽しむ姿勢を、少しずつ身につけていく。

最近は家庭菜園や週末菜園がブームになっていますが、それはプロセスを楽しみたいという意識の表れでしょう。種をまいて、水をやり、肥料を与え、雑草を抜く。虫対策もする。かつての農作はプロセスを楽しむというような生やさしいものではなく、まさしく収穫の多寡《たか》によって生死に関わる厳しい作業であったわけですが、その厳しいプロセスを経て手に入れた食物はなおさら美味しかったことと思われます。

そのような厳しさを感じることはできなくても、プロセスを楽しむことはできます。コンビニですぐに買って食べるおにぎりよりも、苗から育てて収穫したお米でつくったおにぎりのほうが断然、美味しいでしょう。そうやってプロセスを楽しむことは、「楽」の回路を強化して、「喜」や「怒」といった「快／不快」のシステムの暴走を抑えるのにも役に立ちます。

マメな男性が好き、という女性は不幸になる!?

ショートカットということでいえば、デジタルツールがたくさん出てきたおかげで、コミュニケーションが時間と場所を選ばずに、ショートカットしてできるようになりました。

手紙、電報、電話、ポケベル、携帯電話、パソコンでのメール、携帯メールとデジタルツールが進化するにつれて、とくに若い人たちのあいだでは、より頻繁にメールによるコミュニケーションが取られるようになってきました。

中学生や高校生のあいだでは、「五分ルール」と呼ばれるものも存在するそうです。メールが来たら五分以内に返信しないといけないということです。そうしないと、友だちとして相手を大事にしていないと思われる、という暗黙のルールです。

その結果、中学生や高校生、あるいは大学生でも一日に二〇〇や三〇〇もメールのやり取りをしている人が少なくないといわれています。

では、時間と空間をショートカットしてメールすることで、コミュニケーションが深まり、安定した精神状態を手に入れたかというと現実は反対に作用しています。ここでも「快/不快」のシステムの支配がますます強くなっていきます。

メールを相手に送って、五分以内に返信が来たら、相手も自分を大事にしてくれていると思って、最初は喜びます。しかし、次に五分以内に来ても、そんなには喜びません。ここでも「慣れ」が生じるわけで、もらえばもらうほど、「当たり前」になっていきます。次に喜びを得るためには、「もっと自分に心のこもったメールが欲しい」「絵文字をバランスよく使った、楽しいメールが欲しい」「こっちから誘わなくても、向こうから誘って欲しい」など、新たな要素が必要になるでしょう。

あいにく、こうして「快」を感じるハードルが上がれば上がるほど、それが満たされないときの「不快」指数も上がっていきます。コミュニケーションを密に取りすぎることで満ち足りるどころか、余計に寂しく、物足りなく、欠如を感じていってしまうのです。

最近では、メールに加えてウェブログやSNS、さらにツイッターなどで、よりリアルタイムに複数の人とつながっていようとするツールが登場して、ますます私たちの「平常心」を壊しています。

自分のつぶやきに友人や知らない誰かがコメントしてくれることに対する喜びが大きければ大きいほど、コメントがこないことへの苦しみも深くなります。

昔よりもこの世界に言葉は充ち満ちています。とくにメールやツイッターなどの短い文章を書く技術は、かつてないほど向上しているのではないでしょうか。短い言葉で、相手に読ませる技術は、いまの若い人たちは、旧世代とは較べものにならないほどうまくなっているでしょう。

しかし、コミュニケーションの量は増えているのに、昔以上に寂しがり屋が増えているのではないでしょうか。正確にいえば、デジタルなショートカットのコミュニケーションの増加に比例して、寂しい人、苦しい人が増えているということです。

こうやって、いろいろな事象を見ていきますと、資本主義というシステムの巧妙さ、恐さを改めて感じます。人の「快／不快」という装置を刺激して、そこを強化し、ある種の依存症へと〝洗脳〟することで、その商品、サービスから逃れられないようにすることで収益を上げる。これが資本主義の一つの本質であるのは間違いありません。こうやって自社の商品やサービスの依存症患者をつくってリピーターを増やすことが、経営基盤を安定させ、さらなる成長を約束するからです。

私たちは資本主義によって物質的に豊かになり便利さを享受しているわけですけれども、それが巧妙にしかけてくる依存症の罠に気づき、その苦しみに捕まらないように、より自覚的になる必要があります。

話が少し大きくなってしまいましたが、デジタルなコミュニケーションツールを使って、誰かとつながろうとしても、寂しさが減るどころか、かえって寂しさや苦しさが募《つの》るということは覚えておいたほうがいいでしょう。

昔から女性はマメな男性が好きだといわれがちですが、それを過剰に求めることは、実は恐いことでもあります。相手のマメな連絡を求めれば求めるほど、仮に実現しても耐性がついて苦しさが増していくのですから。私を含めた無精《ぶしょう》な男性の肩を持つわけではありませんが、実は昔のようにときどき手紙を交わし合う、というぐらいの頻度のやり取りのほうが、平常心で幸せに過ごせるはずです。

コミュニケーションでもショートカットを追い求めずに、手紙を書くという一手間をかけたり、手紙を待ったりするというプロセスを楽しむ姿勢が、結局は「楽」というリラックスした幸せな状態を手に入れる近道であると思われます。

あらゆることでいえることですが、ショートカットが進めば進むほど、「欲」→「快」→「慣れ」→「不満足」→「さらに強い欲」と連鎖するため、心が荒《すさ》みます。つまり、「まあ、いいか」「そんなもんだな」「しょうがないな」という、受け容れたり、捨て置いたりすることが難しくなっていきます。すぐに手に入らないと我慢できなくなってしまうのですね。

そこに気づいてショートカットを実現する便利な道具から距離を置くだけで、日常的に平常心で穏やかに過ごせる時間は確実に増えていくでしょう。

私は現在、携帯電話すら持たなくなりました。東京の自宅にはインターネット回線も引いていません。このご時世に携帯電話を持っていないと仕事にならない人も多いでしょうが、私自身は携帯電話がなくても何も困りません。考えてみれば、ほんの二〇年前まで、携帯電話がなくてもみんなきちんと仕事をできていたのですから、それを手放したら仕事ができなくなる、というほうが実はおかしいのかもしれません。

サプライズ（驚き）は心には毒

「まあ、いいか」「そんなもんだな」と思うことを別の言い方をすれば、目の前の現象に驚くか驚かないかの違いだともいえます。何か嬉しいことや楽しいことがあったときに、あるいはすごく不愉快な思いをしたときに、平常心を失って驚いてしまうと、それは記憶に深くこびりついてしまいます。

みなさんも過去に驚いたことを、鮮明に思い出せるという人が多いのではないでしょうか。それはつまり、ショックとともに受信した情報ほど強く刷り込まれて、記憶に呪われているということです。記憶に呪われて、良いことは一つもありません。

だから普段の生活でも、できるだけ平常心を心がけて、驚かないようにすることは大切です。「まあ、しょうがない。そんなものだな」と受け容れることができれば記憶にこびりつきませんし、神経が安定状態になる「楽」な状態でいることができるようになります。

さらに高次のレベルで受け容れてみる

「受け容れる」ということを、もっと高次のレベルで行うこともできます。たとえば、痛みを感じている場合、痛みそのもののなかに意識を飛び込ませてみて、「ああ、痛いけど、まあいいかな」という感じになってくると、その痛くて苦しい感じがポーンと消えていきます。

瞑想中に足を組んでいて痛くなってきたときに、その痛みをじっと受け容れるようにして痛みのなかにじっくり意識を入り込ませていき、あるとき「痛い」という感じのなかに心が一体化するほどにすっぽり入り込んでしまうと、そのなかで安らぐような感覚が得られるのです。

そういう心の操作を行うことで、心理的には「安楽感」が生まれます。このときには先述の心の安定と鎮痛に関わる神経伝達物質が大量に放出されていて、その鎮痛作用によって痛みを感じなくなっているとも、神経科学的にはいえるでしょう。

このように、自分が苦しい、嫌だなと思う状態そのものに意識を密着させて、そのなかに入り込んでそれを完全に受け容れることができると、自分が嫌だと思っていたことが、そんなに嫌ではなくなります。一時的ではありますが、これまでのようには嫌でなくなるのです。

寒さが苦手だと思っている人が、寒い状況におかれたときに、思いきってその寒さを受け容れてそのなかに意識を飛び込ませてみると、意外と寒さが気にならなくなったりする。寒さが苦手と思っている人は、どこか過去に寒さが苦手と思うようになったきっかけがあるはずで、そういう意味では記憶に呪われているともいえます。その記憶のネットワークが一時的に断ち切られて、「自分は寒いのが苦手な生き物である」という思い込みの呪縛も解かれることにより、「いまこの瞬間」の温度をただ感じ、味わっているだけの状態が訪れるのです。

瞑想修行をつづけていくと、最初は苦手意識が消えるのが一時的でしかなかったのが、徐々に継続的・持続的に消えたままになるようになっていきます。瞑想修行はそういう意味では、記憶の呪い、過去という業（カルマ）から解放されるレッスンでもあるわけですが、そのお話は5章に譲ります。

歩く瞑想——足の感覚に意識を集中する

これまで「楽」な状況へと、いつのまにか至っているための方法について二つ述べてきました。一つは諸々のことを「受け容れる」こと。そしてもう一つは、さらに一歩踏み込んで、痛みなら痛みといったその状況のなかに「飛び込んでしまう」ということです。そして、三つめの有効な方法として、「シンプルで無目的な行動に意識を集中させる」ということがあります。

たとえば、「歩く」という行為。人は普通、どこそこからどこそこまで行こうという

「目的」を持って歩いています。ただし、目的意識というのは、私たちの心を緊張させて縛り付ける性質を持ちます。目的意識は、心を緊張させた上で、達成したときは緊張がとけて脳内に快感の反応が生じて興奮をもたらすため、安らぎや落ち着き、すなわち平常心を破壊しがちなのです。それに対して安らぎと落ち着きの神経を活性化させて楽な状態をつくりだすために歩く場合は、目的を持たずに歩くことが肝心です。

たとえば、昔のテレビドラマなどでよくあったシーンとして、奥さんが出産している部屋の前でご主人が落ち着かずに同じ所を無目的にうろうろしているというのがあります。あるいは、大事な人が難しい手術を受けている手術室の前で、無目的にうろうろと歩く人がいます。

これは心配や不安な気持ちに対して、どこに向かって歩くこともなく、ただ同じ場所を無目的に行ったり来たりすることによって、安らぎの回路を活性化させようという、無意識的な自浄作用と解釈できると思います。ただし、無目的に歩くことである程度不安な気持ちや緊張は緩和されるかもしれませんが、適当に歩くだけでは心が不安に占領されている状態は、簡単には解消されません。

これを仏道式に行うとしたら、歩いているという「足の感覚」に意識を集中することです。どこかに行くという歩く目的もなく、不安や心配に心を占領されることもなく、ひたすら歩いている「いま、この瞬間の」足の感覚のみに集中する。

これは仏道でいうところの「経行《きんひん》」です。歩く瞑想、といわれる修行です。歩く場所は別にどこでも構いません。険しい野山を歩く修験者も経行を行っているといえますが、たとえば会社の会議室でも経行は行えます。動物園で檻のなかを左右に行ったり来たりする熊や虎のように、ひたすら会議室の端から端まで何往復も歩いてみる。これも立派な経行です。実際にこれを数時間、数万回もつづけると、楽な状態となり、心の安らぎと落ち着きが活性化します。

坐禅で「呼吸」に意識を集中する理由

坐禅瞑想をするときは、「呼吸」に意識を集中します。なぜ「呼吸」かといいますと、「無意識」に行っているということがポイントです。呼吸はもちろん、無意味な行為ではありません。生命を維持するために酸素を取り込み、二酸化炭素を吐き出すという生物として絶対不可欠な行為ですが、普段から「さあ、自分の命を生かすためにしっかりと酸素を取り込もう」とか、「二酸化炭素を吐ききろう」という目的意識をもって息をしている奇特な人は通常、おられないでしょう。そう思って意識的に深呼吸をすることはあっても、平常時に呼吸は無意識に行われています。

永遠にどこにも行き着かない行為、生きている限り、主観的には無目的かつ無意識に繰り返される、呼吸という行為に意識を集中していきます。何かを手に入れたいとか、どこかに行き着きたいとか、何かの地位や名声を得たいといった考えに頭を占領されないように、ひたすら呼吸に集中します。「平常心を手に入れたい」という目的意識もまた、本末転倒なので、捨てさって取り組むのが大切です。鼻から入ってくる空気の感じ、それにつれて膨らむ胸や鼻、そしてまた鼻から出ていく空気をただ虚心坦懐にしっかりと味わいます。

ここでは深呼吸や腹式呼吸を心がけることがポイントではありません。呼吸は普通に行えばいいのです。どこにも行き着かない行為（呼吸）に意識を密着させることで、「楽」な状態、つまり安らぎや幸福感に関わる神経伝達物質の分泌量が高まった状態が自然に訪れます。実際に坐禅をしてみると、「楽」な感じにスイッチが入るのがわかります。

仏道の修行における有用な「副産物」としてこの楽な状態をつくる、セロトニン分泌を活性化するということがあるように、思われます。そして実際に修行をとおして心身が「楽」になるのが実感できるからこそ、仏道は二五〇〇年ものあいだずーっと実践されてきたとも申せるかもしれません。だって、「楽」などまったくないツライだけの修行なら、皆が途中で投げ出していたでしょうから。

「楽」は鍛えることができる

すると、「楽」は、トレーニングを通じて心に定着させることができる、ということもわかることでしょう。神経レベルで申せば、セロトニンを分泌する回路を活性化するように鍛錬することは可能なのです。

不快を司るノルアドレナリンについては、その分泌を繰り返すことによって心が強くなるかと申せば、先述のようにむしろ、苦手意識がついたりして、分泌のし過ぎには負の側面が大きい。快を司るドーパミンについても、繰り返し述べましたように、分泌の頻度を増やしすぎると耐性がついて、不感症になってゆき心が荒む、という負の側面がつきまといます。

これらは分泌しすぎると危険だという特徴を持つのに対して、セロトニンについては、継続して分泌量を増やすことを通じて、より安定的に機能するようになるという特徴を持つ、といわれます。つまり、継続的に「楽」の状態を維持するトレーニングにより、鍛えることができるのです。

このことを、神経科学的に説明すると、次のようになります。

セロトニンには「自己受容体」というものがあります。セロトニンが分泌されたときに、セロトニンの分泌機能そのものに「どれくらいセロトニンが分泌されましたよ」ということをフィードバックする機能が、自己受容体の役割です。自己受容体があることによって、セロトニンの分泌量を自己認知することができ、これぐらい出たのでもういいでしょう、そろそろ分泌量を減らしましょう、という機能が働く仕組みになっているのです。その結果として、再び心の波立ちがよみがえってくる、というのが一般的な心の変化でしょう。

ところが、先ほど述べた歩く瞑想や坐禅に限ったことではなく、心を「いま」に専念させる活動を毎日毎日つづけて、一定期間、継続的にセロトニンを放出しつづける状況をつくってやると、この自己受容体の数が減っていくのだといわれています。そうすると、「セロトニンがもう充分に出ているから、分泌をやめましょう」ということにならず、セロトニンが恒常的に分泌される状態になるのです。

これが「楽」はトレーニングにより強めてゆくことができる、という意味であり、私たち瞑想する者が日々、継続していることです。普通は、リラックスした状態になると、自己受容体の働きによってセロトニンの分泌が止まり、リラックスが長続きせずに、すぐに緊張状態に戻るものです。これは動物レベルで考えれば、必要なシステムであるといえます。ときには緊張を解いてリラックスすることも生命維持には必要ですが、それがすぎると、外敵の危険に気づかずに命を落としてしまいかねません。それを防ぐために構築されてきたシステムと解釈することもできようかと思われます。

ところが、歩く瞑想や坐禅を継続的に繰り返す、つまり毎日一定の時間坐禅を組む、といったことを何年も積み重ねていくと、自己受容体の数が徐々に減っていき、「ああ、このリラックスした状態で生きてもいいんだ」という感じで、ある程度「楽」な状態が継続的に維持できるようになってくるのです。こうして、生命のプログラムとして緊張を強制されていた状態から脱出してゆくことは、動物としての「洗脳」を解いてゆくことにもなるのです。

追い求めず、あるがまま行う

私たちの心は「ありのまま」にしている、ということが実は大変、苦手です。初対面の人に会うとすぐに「いい人」「イヤな人」と条件反射的に評価する。スポーツに打ち込んでも、すぐに「調子がいい」「今日はダメだなあ」などと評価して、現状に対して心が条件反射を起こします。「いい人」を近づけたい、「イヤな人」を遠ざけたい、そのように思い通りにしたい、という衝動が働くために、心が波立って、あるがままの相手を受け止めることができなくなります。「調子のよさ」は嬉しい、「いまのダメさ」は悲しいから遠ざけたい。そのように「思い通りにしたい」と思いますので、自分の心の

「あるがまま」が見えなくなり、自分を評価する習慣ばかりが染みついていきます。
さて、カルチャーセンターで私が指導している瞑想のレッスンで先日、生徒さんから次のようなお便りをいただきました。

無意識に呼吸をコントロールしようとする自分に気がついて苦しかったのですが、「寄せてはかえす波にそっと乗るかのように、自然に寄せてはかえす呼吸を、ただ何もせずに見つめる」という言葉がとてもわかりやすく、気持ちが楽になりました。

意識しないうちは、ごく自然な息が自動的に行われつづけているのに、息を意識したとたんに、「こういう息にしよう」という無意識的な力が働く。そのことは、私たちがいかに、意識したものはどんなものであれ、瞬発的にむりやりコントロールしようとしてしまうかを、雄弁に物語っているように思われます。
そして、この知らず識らずのうちにコントロールしようとして、あ、る、が、ま、ま、を打ち消そうとする力が働いているのに気づいたことが、先程のお便りの方にとって、大事な発見だったのです。

その無意識の圧迫感。あるがままの平常心を壊す力にふっと気づいてやることで自然にその力を手放すことになり、その瞬間に私たちは、コントロールしたいという緊張感を手放して、あるがままの息の流れに身を任せられるのです。そのとき、心はおのずから、どこまでも凪いで和らいだ平常心のなかにいることになる。

まだ一八歳だったころの若き趙州《じょうしゅう》禅師（八～九世紀、中国・唐代の禅僧）が、師の南《なん》泉《せん》和尚に、「道を教えてください」と問いを立てたら、「平常心是道《びょうじょうしんこれみち》」、すなわち「ごくごく普段通りの平常心が道なのだよ」と返答されました。

さらに趙州が問うことには、「その平常心を目標にすればよいのですね」。答えは、「目標にしたとたんに、道に迷ってしまうだろう」。

それは、「手に入れたい」と欲の対象にして、「やるぞ」と力んだとたんに消滅してしまう、ということ。目標・目的を忘れて淡々と取り組んでいるうちに、はた、といつのまにかそのなかに入り込んでいるような、あくまで副作用としてしか生じないもの、とも申せましょう。それは幸福と同じで、追い求めると逃げていってしまうような、特殊な心理状態なのだと申せましょう。

その本質をまた、曹洞宗の瑩山《けいざん》禅師（一三～一四世紀、総持寺を開いた日本曹洞宗の第四祖）は「茶に逢ったなら茶を喫し、飯に逢ったなら飯を喫す」と表現しています。肝心なのは何か特別なものを「手に入れたり目標に至ろうと欲望する」のでなく、茶を飲むとかご飯を食べるとか、目の前のふつうのことをふつうに、無心に行うことのなかにある、と。ふつうに、あるいは、あるがままに。通常は、お茶を飲みながら何かどうでもいいことを考えていたりして、「お茶を飲む」ことになりきっておらず、そこには充足感もないのです。お茶を飲むことそのものにふっと無心になっているなら、そこに平常心の根本があります。そして瞑想するにしても重要な仕事をするにしても、何か特別なこととして気負って行うものではなくて、茶を飲むときは茶に、飯のときは飯に心を向けるのと同様に、もじって申すなら、「息に逢ったら息を喫す」とばかりに当たり前のあるがままに、取り組むとよい。そのときはじめて肩の力が抜けて、「本来の一〇〇パーセント」の力を発揮することがかなうでしょう。

この、「ふつう」。この、「平常心」のなかに、「楽」の覚醒感と安らぎがあります。その感触が少しでもつかめたなら、それをヒントに生活の礎《いしずえ》にしていきたいものです。

「楽」を上手く操作して、「喜」と「怒」をコントロール

この鍛錬には、畑の土を鍬《くわ》で耕すといった単純な農作業なども向いています。「今年はこれぐらいの収穫高が欲しい」「今年の値はどれぐらいつくかな」といったことを初めは考えながら鍬をふるっていたとしても、単純な作業を繰り返すうちに、そういった目的意識から離れて、ただひたすら黙々と鍬をふるうようになります。そしてこうして、ただ純粋に、活動を反復して「いま」に専念することがつづくと、「楽」の心理的機能が高まってくるのです。

ですから私は、悩みを抱えて相談にみえた方に、お寺の裏にある田んぼへと誘って、このような農作業を勧めることもあります。いろいろと堂々巡りの思考、悩みにとらわれることなく、黙々と作業を繰り返すうちにセロトニンが分泌され、心が「楽」な状態に整っていくからです。

これは仕事でも同じようなことがいえます。一見苦痛に思える単純作業の繰り返しのような仕事も、そこに淡々と没入することで「楽」な感じを得ることができます。封筒の宛名張りを延々とするような仕事も、最初のうちは「退屈だな」と思っていても、一定のリズムで黙々と仕事に取り組んでいるうちに、いつしかふっと楽な感じを覚えている自分に気づくことがあります。

この「楽」な状態、セロトニンが分泌されている状態というのは、言い方を換えれば、「記憶の呪縛」から解き放されて、いま、この瞬間の感覚を味わえている状態だといえます。生きていることの「強度」をしっかり味わえているともいえるでしょう。

記憶に結びついて生じる大興奮や、記憶に基づいて生じる不安といったものの支配から解放されて、いまこの瞬間の生きている感覚を味わうために、「楽」という状態はとても有効なのです。「楽」な状態が強まると、過去の快・不快の記憶も抑制され、平常心の本質であるところの「快・不快から影響を受けにくくなる平静さ」が強まるため、「快」に対する欲望の反応や、「不快」に対する怒りの条件反射が、生じにくくなります。仮に「喜」や「怒」が生じても、元々に「楽」のベースがあれば、ニュートラルなところに戻ってきやすい。つまり、「楽」というものをうまく操作することによって、「喜」と「怒」を制御できるようになるのです。もちろん、「喜」と「怒」はなくなるわけではありませんが、ある程度制御できるようになる、とも申せるでしょう。

「喜」や「怒」に踊らされそうになっているとき、それを認識すること、自分はいま過剰に喜んだり、怒ったりしていると「感情」を認識してやることでその支配力は弱まることは既に述べました。それに加えて、「喜」や「怒」にとらわれそうになったとき、「楽」な回路を開くように心がける。数分、呼吸に集中することでもいいですし、ふっと部屋を出て外を歩いてみることでも構いません。何かしら自分が「楽」な回路に入れる道筋を見つけておいて、それを活用するのが役立つでしょう。

そして、そもそも普段から「楽」の回路をトレーニングしておけば、「喜」や「怒」に隷属しないですむ。平常心にとって、「楽」は大事なファクターと申せましょう。

「楽」にもある落とし穴

ただし「楽」にも落とし穴、罠が潜んでいます。これまで私たちの心を単純化して

「喜」「怒」「楽」の三つに分けて話してきましたが、人の心というのは非常に複雑にできていますので、これらの感情が入り混じることがあります。とくに「楽」と「喜」は混じりやすい。

たとえば、今日は仕事が楽でだらだらできて嬉しいなあ、と思っているときは、「喜」と「楽」がどちらも一定の割合で生じているといえます。

このときに、昨日まで大きな仕事に集中してきて一段落してほっとしているというような状況のときは、比較的良い状態であるといえます。

ところが、これが「今日はリラックスできてよかった」程度におさまらず、「期限ギリギリですごく焦って苦しかったけどやっと解放されてよかった、あー、嬉しい！」という感じになると、いったん強い「苦」を感じてから解放されることにより「楽」を得る流れ自体に対してそれを繰り返したいという恐怖のスパイラルが始まってしまうのです。こういったときは、「楽」よりも「喜」の割合のほうがずっと多く混ざっています。

こうなってしまうと、「楽になる」を味わうためには強いストレス状態にいったん自分を追い込まねばならなくなるため、知らず識らずのうちに、もう一度自分からリラックスできない状態に飛び込んでいってしまいます。こうして自分でつくりあげたストレス状態で、再び「楽」を渇望しているあいだには、過剰な不安感や不足感を抱くようになり、平常心で日々を過ごすことから遠のいてしまいます。

あるいは、今日は仕事が楽にできて嬉しいな、というときにそれがリラックスというよりも、やるべき仕事からの「逃避による快感」ということもあります。これは、逃避することによって一時的に苦しみから逃れる術であり、本当の意味ではリラックスできていないのですが、この「喜」を強く伴った「楽」にはまってしまうと、どんどん怠惰な生活や、遊んでばかりの生活に流されていってしまうことになりかねません。逃避していているうちに、何もしないこと、好きなことだけしかしないことに「喜」を見出し、心の底では本当は苦しみを抱えつつも、そこから抜け出せなくなってしまうことがあるのです。

このように「楽」にも落とし穴がありますから、「楽」という状態に執着しないという姿勢が、やはり大切になってきます。

瞑想修行に潜む罠

「執着しない」すなわち「こだわらない」ということは、心を平常心に保つ上であらゆる面において大切です。「喜」も「怒」もその仕組みを知っておいて、その感情に支配されず、執着せずに放す。

「楽」は執着から離れさせてくれる仕組みをその内部に持っているのですが、「楽」に対して「喜」が働く余地が充分にあります。「楽」に対して大喜びするということが起きて、「喜」に占領されて執着してしまうということが、しばしば起きてしまうのです。「楽」の仕組みをよく知っておき、楽に執着すると苦しみがやってくるというのもありがちな罠であることもまた認識しておいて、「楽」に対しても執着しない態度が大切です。

仏道の瞑想においても、「楽」に執着してしまうという過ちはしばしば起こります。瞑想の修行では、ある程度何日も継続して取り組んでいると、「楽」「安楽感」が非常に高まって、セロトニンの大量分泌のような状態が連続し、あまりにも安らかすぎて、もうこのまま死んでもいいや、というくらいに心地よくなることがよく起こります。

このときに、多くの人がその気持ちよさを喜びすぎて、それに執着し、瞑想の次の段階に進めないということが起こります。私自身も、そこで瞑想が停滞した時期があります。人によってはその失敗に気づくまで一年も二年もかかる人もいます。

この非常に気持ちいい「楽」な状態になったときに、「ああ、これも楽という生理的、心理的な一つの状況に過ぎないんだな」と冷静に、すなわち平常心を持って俯瞰することが大事です。諸行無常、という観点からその「楽」を見つめることも役に立ちます。安楽感が出てきた瞬間に「いま、生じた」と気づいておき、「安楽感が強まってゆく」「弱まってゆく」などと変化を見つめているうちに、必ず安楽感は消えていきます。このように「生じ、つづき、滅してゆき永続しない」と毎回、体感しておくことで、この「楽」も、生まれてはやがて消えていくものにすぎないということを知り、その状態を追い求めない心の態度が身についてまいります。

そうしておけば、「楽」を追い求めて、それが手に入らないときにかえって苦しむというスパイラルにはまることなく、いい意味での「楽」、リラックスした状態を味わうことができるようになります。

「喜悦感《きえつ》」という劇薬

ところで、これまで「喜」の悪い面を強調してきたようになっていますが、仏道の瞑想において、実は「喜」はとても役に立っていることもお話ししておきたいと思います。

瞑想が進んでゆくプロセスで、身体のなかの奥深くにあって普段は気づいていないような「緊張感」を見出すようになることがあります。それに意識を集中させて見つめていると、それらが取り去られていくことが生じるときがあります。そうやって、ずーっと意識を集中していると、あるときポンッという感じでその緊張感が取れるときがやってきます。

そのときに、身体の奥底の苦しみがたくさん取れた、なくなったことに基づいてなのだと私はとらえておりますが、激しい喜びがわいてきて、身体中がドキドキして、ものすごくエネルギーに満ちた感じになります。この生理的状態を仏道では「喜悦感」と呼んでいて、瞑想を進めていく上では役に立つものとして大切にされています。

もちろん、「喜悦感」に執着することはとても危険なのですが、「喜悦感」は身体をとても元気にし、ビシッと一本身体に筋を通すような感じをもたらすので、瞑想を進める上で役に立つと、とくに釈迦仏教の修行法では重視されており、後述する「七覚支《しちかくし》」という七つの悟りのファクターには、「喜悦感」も含まれているのです。

喜悦感にせよ安楽感にせよ、それらの生理的状況が①生じ始め、②しばらくつづき、③必ず消えてゆく、という「生《しょう》→住《じゅう》→滅《めつ》」のプロセスを観察する修行を続ければ、それらへの執着が薄まります。こうした強烈な喜悦や安楽の「快」への平常心が身につくと、ましてや日常的な「快」に対しては、執着せず引きずられず、裕々と対処しやすくなるのです。

喜怒哀楽について、仏道式の結論

ここで、ようやくこの章の最初の設問、「仏道では喜怒哀楽をどのように捉えているのですか」に戻ることができます。

この問いに対して簡単には答えられないという理由を、これまでつぶさに述べてきました。その上であえて一言でこの問いに答えるとしたら、次のようになります。

「喜」はあったほうがいい。
「怒」はないほうがいい。
「哀」もないほうがいい。
「楽」はあったほうがいい。
つまり、「喜楽」のみでもいいけれども、「怒」や「哀」も出てくるときは出てくる。
それらがきたときは、我が現状として受け容れ、見つめる。
「喜」「楽」は役には立つが執着するのは危険である。

これがこの章の結論です。この章で「楽」や「喜」の状態を保ちやすくする方法について少し触れましたが、詳しくは最後の5章で述べてまいります。

3章 喜怒哀楽を、お釈迦さまはどう教えているか

仏道式・感情コントロール

怒と哀

怒ると必ず報いがあると知る

怒りという「業」を積むと
負のフィードバックがある

怒っているときこそ、心をモニタリング

ノルアドレナリンの
命令だなと認識する

喜と楽

快と不快はコインの裏表と知る

快を追い求めると、
必ず足りなくなって苦しくなる

「もっともっと」というときは、心をモニタリング

ドーパミンの命令だなと認識

人は記憶に呪われている

快・不快、喜怒哀楽に
執着せずに、「そういうものだな」と
受け容れて、捨て置く

4章　生老病死に平常心で臨む

――死を受け容れるレッスン

お釈迦さまの最初の説法

この章では「生老病死」という、ややハードな内容について考えていきます。重たい内容ではありますが、人生の本質的な問題であり、仏道においても一般的な宗教においても、普遍的に扱われる最も根源的なテーマであるともいえます。

ところで、釈迦が悟りを開いて最初に説法を行ったとき、その聴衆は非常に少なくて五人しかいませんでした。その五人に対して釈迦が最初に行った説法『初転法輪経』の内容の一部をすこぶるざっくり要約すると次のようなものです。

「君たち、生まれることは苦しみである。老いることは苦しみである。病になることは苦しみである。そして誰しもが必ず死ぬということが苦しみである。

生きているならば、必ず何か〈好ましいもの〉をこの心は作る。何かについて好ましいと思う。あるいは、誰かについて好ましいと思う。しかし、死ぬまでのあいだに、その好ましいと思うものは必ず変化する。自分の心も変化する。

自分の目でずっと見ていたいと思っていた好ましいものが、見られなくなるときがある。

自分の耳でずっと聴いていたいと思っていた好ましい声が、音が、聴けないときがある。音や声が変化したり、壊れてしまったり、あるいはそれを好ましいと思っていた自分が飽きてしまったりする。

あるいは、好ましい味であろうと、香りであろうと、あらゆることは永続させることができない。好ましいものを永続させることができないということに基づいて、苦しみが生じる。それを〈愛別離苦《あいべつりく》〉という。愛するものとの別離という苦しみである」

釈迦が最初に説いた「愛別離苦」は、とてもわかりやすいのではないでしょうか。どんなに好きで、どんなに愛している人やものであっても、永遠不変のものはありません。必ず、一瞬、一瞬、変化していきます。

この、好ましいものに接していられないときに生じる苦しみに加えて、「怨憎会苦《おんぞうえく》」という苦しみもあります。これは、私たち自身の五感が「好ましくない」と思うものに、しょっちゅう触れることによって生じる苦しみのことです。

こういう顔は嫌だな、この気温は暑すぎるな、あのことは思い出したくない、シミが増えていくのが嫌だな、その色は好みじゃない……そういう「嫌だな」と思うことに触れることによって心身がショックや苦しみを感じることを指します。恨み、憎んでいることに会うことによって生じる苦しみのことです。

「大念処経《だいねんじょきょう》（マハーサティパッターナ・スッタ）」という経典では、「目耳鼻舌身意」という六つの情報の入口に対して、好ましからざる情報が接触するのが怨憎会苦の内容だと書いてあります。

求不得苦《ぐふとくく》――求めて得られない苦しみ

さらに釈迦は、私たちにはあり得ないことを望む欲望や渇望《かつぼう》があり、それによって苦しんでいると説きます。これを「求不得苦」といいます。求めているのに得られないことによる苦しみ、という意味です。

経典のなかではその渇望の例として、「ああ、生まれなければいいのになあ。私は生まれなかったらよかったのになあ」ということが挙げられています。この言葉は、とても悲しいことがあったときに、人が自分の親に対して投げかける汚い言葉でもありえるのではないでしょうか。「自分は産んで欲しくて生まれて来たわけじゃないのに、なんであんたは私を産んだんだよ！」という罵《のの》りの言葉です。思春期にそのような言葉を親に対してぶつけたことがある人もいるかもしれません。

こんなとき親はとても悲しみますが、仏道的には何かしらの形で生まれ変わるときに、自分の心が選んで生まれてきた、と考えられます。つまり、I was born（「産み落とされたという受動態）ではなく、自分の心で選んで生まれてきているのです。これは輪廻《りんね》転生《てんしょう》というインド的教えにも関わりますが、もう少しあとで詳しく触れます。

ともあれ、「生まれなければよかったのにな」という願いを持っても、その願いは絶対にかなうことはありません。かなわないことを渇望することによって、軋轢、葛藤が心に生じます。その渇望によって心が屈折して、苦しくなる。そのような苦しみのことを釈迦は指摘しているのです。

「生まれなければよかったのに」という願いは極端で、少しピンと来にくいかもしれませんが、私たちはその他にも、絶対にかなわないことを渇望して苦しんでいます。

たとえば、ほとんどの人が共有している欲求として「自分は老けなければいいのになあ」というものがあります。経典では単に「私は老いる存在でなければよいのに、という欲求が生じる」と記されています。

直接的に「老いたくない」とは思わなくても、年を取るにつれて「シミができないといいのに」「老眼にならなければいいのに」「肌がたるむのがイヤだ」といったことを繰り返し考えている人はたくさんいます。自分の意識としては老いたくないと思っているつもりはなくても、実質的に老いたくない、ということを人はさまざまな場面で願っているのです。だからこそ、老いに逆らうための商品が、世の中にはたくさん売られているのでしょう。

男性であれば中年になってくるにしたがって、中年太りをしてくるとか、肌がたるんでくるとか、加齢臭がしてくるとか、そういったことに関してとても抵抗を感じるかもしれません。そういったときに実質的に望んでいるのは、「自分は崩壊していく存在でなければいいのに」ということです。ところが、あいにく身体というのはずっと崩壊しつづけていって、やがて死に至るという事実は絶対に変えることはできません。

その厳然とした事実があるにもかかわらず、私たちの脳はその事実を否定しようとしつづけます。その事実に抵抗しようと頑張りつづけるのです。「老けないように」と積極的にアンチエイジングに取り組むこともありますが、そこまでいかなくても「嫌だなあ」「こうじゃなければいいのになあ」というネガティブな思いだけで終わるケースも多いでしょう。私たちの頭のなかを占めている思念の大部分は、実はこのようなネガティブな思念であることが多く、その一つが「老いなければいいのに」というものではないでしょうか。

そして、この「老いなければいいのに」が究極的に帰結するのは「死ななければいいのに」ということです。人は意識するにせよ、しないにせよ「死にたくないなあ」と思っているのです。

達磨《だるま》大師の教え「莫妄想《まくもうぞう》」

あるいは「病になりたくない」といったことも、ひいては「死にたくない」につながっています。「老いたくない」「病になりたくない」、そして「死にたくない」という人間の根源的な願望。盲目的な「生存欲求」に支配されているために、生存がより確実になること以外のすべてを忌《い》み嫌ってジタバタする。実際には、毎日毎日、一瞬一瞬、細胞が老化して壊れていっているという事実を否認しつづけようとするこの願望を、仏道では「妄想《もうぞう》」と呼びます。一般的な意味合いにおける妄想とはニュアンスが違いますが、事実を受け入れずに、事実ではない欲求の世界、自分の願望の世界を頭のなかで常に思い描いているという意味で、やはりそれは「妄想」なのです。

中国仏教で重要な役割を果たし、日本でも「達磨さん」と親しまれている達磨大師（ボーディダルマ）は、このことに関してとてもシンプルに「莫妄想（妄想するなかれ）」という言葉を残しています。事実を否認して、事実とは違う世界を脳内に構築するな、ということです。

カサカサになってきた自分の肌を見て嫌だなと思い、前のすべすべした肌を思い浮かべること、それも「妄想」なのです。「嫌だな」という感情自体が妄想ともいえます。そして「莫妄想」と達磨大師が教えるのは、妄想すると苦しみが生じるからです。カサカサになった肌を「嫌だな」と思ったとき、人の心には軋轢が生じます。現実としての肌の状態と、そうではない理想的な肌の状態を心のなかで妄想することによって、現実と理想とのあいだに亀裂が入り、その葛藤が心にくさびを打ち込んで苦痛をもたらし、その苦痛が心の形を少しずつ歪《ゆが》めていってしまうのです。

やはり、受け容れること＝平常心

このように見てきますと、これまで繰り返し述べてきたように「受け容れる」ことが平常心で生きる上でとても大切なことがわかります。事実を事実として受け容れることで、「愛別離苦」「怨憎会苦」「求不得苦」といった苦しみが減っていきます。


どんなに愛しているものとも、必ず別離しなければならないと受け容れる。

生きていれば、自分が嫌いなものにも出会うことはあると受け容れる。

どんなに求めても「老いたくない」「病みたくない」「死にたくない」という生存欲求に基づく不可能な欲望は、絶対にかなわないのだ、と受け容れる。そうして、盲目的な生存欲求を、少しだけ和らげて「楽」になってやる。

このように、事実に対して拒絶せずに「ああ、そういうふうにしかならないんだな」と受け容れる、そのような心の態度を形成していくことができれば、それこそが平常心であるといえます。

老いても、病になっても、そしていずれ死ぬことも、「そのようにしかならない」と受け容れることで苦しみが減るのです。

たとえば「病」などは、もちろん「病」そのものからくる身体的な苦痛もあるでしょうけれども、「病」を受け容れられないことから、さらに苦しむことになります。自分が病になったとき、「なぜ私が運悪くこの病にかからなければならないんだ」「なぜこの歳で、こんな病にならなければならないんだ」と事実を受け容れず、拒否して、ときには怒ることで心に苦しみを生じるのは、よくおわかりいただけると思います。これは人の一般的な反応ではありますが、日々、平常心を手に入れる鍛錬を少しずつ積んでいくことで、こういった苦しみを少しずつ減らすことができます。この苦しみの減らし方を教えるのが、仏道の根本であるといえます。

自分の弱さも受け容れる

受け容れるということに関して申しますと、簡単には受け容れられない「自分の弱さ」も認めて、受け容れることが大切です。たとえば誰かに何か心ない言葉をかけられて「いやだなあ」と思っているとしたら、そのときに、「ああ、自分はこういう言葉をかけられると、すぐいやだと思ってしまうような、弱い人間なんだな。そうか。弱いな、自分は」という具合に、自分の弱さを受け容れるのです。

そもそも傷ついてしまうのは自分の「慢」に起因しているともいえます。「慢＝プライド＝自分で自分に対して抱いているイメージ」ですから、そのイメージと違う言葉を投げかけられると、傷ついたり、あるいはそれを拒絶して、相手に対する怒りが猛然とわいてきたりするわけです。この慢も、言い方を換えれば妄想ということになります。事実でも何でもない立派な自分のイメージを、自分のなかで事実として妄想していき、その妄想にとらわれてしまう状態です。

自分の弱さも受け容れる。自分がそういうことに傷つく慢を育ててきたんだな、ということも認めて受け容れる。周りの状況を受け容れるとともに、自分自身の現状も受容する。虚勢を張らずに受容することができれば、私たちは周りにも自分にも、いまよりはいくばくか寛容になれます。そしてその結果、平常心で過ごすことができるようになります。

五蘊盛苦《ごうんじょうく》――人生は苦しみに充ち満ちている

これでもか、というほど苦しみについての話をつづけて恐縮なのですが、仏道には、「五蘊盛苦」という言葉もあります。これは仏道が人間というものをどう捉えているか、その苦しみの状況を全体的に述べた言葉ですので、しっかりと見ていきましょう。

「五蘊」というのは人間のシステムというか、私たちの人生を構成する五つのパーツのことを意味します。その五つとは次のものです。

①身体
②感覚

③記憶のネットワーク
④衝動
⑤情報の入力システム

つまり私たちには「①身体」があり、身体には神経回路があってそこに刺激といった「②感覚」が常に生じています。そして「③記憶のネットワーク」に連動して生じる、好きとか嫌いといった「④衝動」もある。さらに五感と思考を通じての「⑤情報の入力システム」があります。

この五つの組み合わせによってできている私たちの心身に、いつも何かしらの形で苦しみが入力されているというのが「五蘊盛苦」の意味です。「盛苦」とは苦しみが充ち溢れている、ということ。

このように仏道では人間と人生のあらゆるところに苦しみが入力されていると教えます。生老病死、生まれ、老い、病に伏し、そして死ぬ。好ましいものに触れつづけることはできず、好ましくないものを避けつづけることもできず（つまり心身は頻繁に好ましくないものに触れざるをえず）、そして変化していく私たち自身や周りの状況に対して、心は自動的にそれを否定し、それに抗《あらが》おう、抗おうという方向に行ってしまいます。

この盲目的な衝動は、言い換えると「生存欲求」です。「生きたい、生きたい」「嫌だ、嫌だ、死にたくない」という生存欲求が苦しみの根源でもあるのです。

これを、仏教に色濃い影響を受けた一九世紀の哲学者ショーペンハウアーは「生きるという盲目的な衝動が生命を貫《つらぬ》いていて、それによって生き物は苦しんでいる」と捉えています。

盲目的な生存欲求にかられているがゆえに苦しいのならば、それにかられることがなければ「楽」になれます。起きている変化、究極的には自らが死んでしまうということを受け容れることができれば、人は「楽」になれるのです。

裏を返せば、それができない限り、どんなに快楽の限りをつくそうとも、どんなにお金を手に入れようとも、人は人生を通じてずっと苦しまなければならないのです。そのように人間と人生は仕組まれている、そのことに気づくことによって、「ちょっとこんなの馬鹿馬鹿しいな」と思えると、苦しみが減ります。

死に際して、唯一、人が連れていくもの

死に対して人は無力である、ということは仏教では繰り返し説かれています。

たとえば、原始仏典「サンユッタ・ニカーヤ（相応部経典《そうおうぶ》）」のなかでは次のように教えています。

たとえ王様であってもバラモン（インドの僧侶）であっても庶民であっても、そしてシュードラといわれる奴隷であっても、それから奴隷以下と蔑《さげす》まれていた不可触民《ふかしょくみん》といわれる人たちであっても、どのような人々にも必ず死は平等に訪れる。四方八方から巨大な岩石が圧迫してきて押しつぶされるように、どこにも逃げ場はない。まさにそのように、すべての生き物が死に押しつぶされ、必ず連れ去られていく。

それに対して、象の軍隊を率いて戦っても勝つ余地はない（昔のインドには象部隊というのがあって、巨大な象の上に乗って敵軍を踏みつぶして進むような部隊がいたのですが、その象部隊を率いても勝ち目はない）。歩兵隊を率いて戦っても勝ち目はないし、戦車隊を動員しても勝ち目はない。どんな策略を巡らしても、いかなる知略をもって戦っても、

勝ち目はない。必ず負ける——。そのように教えています。

あるいは、どれほどの財産を蓄えていても、どれだけの召使いがいても、どんなに素晴らしいものを持っていても、死に際してそれらを連れていくことはできない、と教えています。これは仏教でも、いろいろな宗教でもよく教えられることですが、仏教では死に際して、唯一、人が連れていくものがあると教えています。

それが、業（カルマ）です。これは言い換えれば、これまで自分が心と身体で考え、行ってきたことが蓄積された「思念のエネルギー」のことです。人はこの業だけを持って旅立たなければならないと、仏典では説いているのです。

いつも激しい怒りを抱えていたり、足りない、足りないと欲望を膨らませつづけるような生き方をしていると、汚染された思念エネルギーが積み上げられ、それ（業）が次にどのように生まれるかを決定するということを、説いています。これがすなわち「輪廻転生」です。

「輪廻転生＝生まれ変わり」も苦しみである

業や輪廻転生について仏道ではどのように説いているのか、もう少し詳しく見ていきましょう。

業というのはそれまでに積み上げてきた思念のエネルギーの総体であり、それが次の生まれ変わりを決めます。たとえば、激しい怒りを抱えたまま死んでしまった人は、次の生では、その怒りを反復、強化するような生まれ変わりをすると考えられています。つまり、怒りに満ちた、より苦しい生が待っているということです。

怒りのエネルギーが強すぎると、その怒りに合うような身体が見つからず、怒りの「思念」としてふわふわと漂うことになります。これが「修羅《しゅら》」です。修羅として漂ううちに、怒りのエネルギーが少しずつおさまってきたら、それに相応《ふさわ》しい身体（人間かもしれませんし、動物や虫かもしれませんが）として生まれ変わる、といわれています。

反対に、怒りと正反対の穏やかな心を抱いて亡くなった人には、どのような輪廻転生が待っているのでしょうか？　たとえば、普通の人間ではあり得ないほどの穏やかさや優しさを持った人は、それに相応しい身体の次元がなく、心地よい状態を繰り返す思念として「天界」に存在すると考えられています。

では、天界に行けるように心穏やかに生きればいいのですね、と思うかもしれませんが、仏道はそのような「天国と地獄」といった二元論で世界を捉えていません。「天界」にある心地よい思念としての繰り返しもやがては消耗していって、消耗しきって「死んだ」時点でまた身体をもって生まれ変わると教えています。

諸行無常、常に一定のものはなく、修羅も神も、変化を免《まぬか》れずにやがては死んで生まれ変わるのです。これが釈迦の教える「六道《りくどう》（天道、人間道、修羅道、畜生《ちくしょう》道、餓鬼《がき》道、地獄道）輪廻」です。このように永遠に生まれ変わりをつづけなければならないという輪廻があるからこそ、「生」もまた苦しみであると釈迦は捉えているのです。

この世に苦しみ、怒りをもって生を終わらせようと自殺したとしても、その激しい怒りを抱えて、「修羅」や「地獄」に生まれ変わってしまいます。つまり、自殺したとしても輪廻からは逃れられないということは、確かに苦しみであるといえましょう。

輪廻からの解放を意味する「入滅《にゅうめつ》」

一切皆苦、すべてが苦しみであるという人の生、輪廻転生から脱するために釈迦は修行して悟りを開いたのだと、経典では述べられています。釈迦の死を「入滅」や「寂《じゃく》滅《めつ》」と表現しますが、これは完全に滅することを意味しています。「入滅」や「寂滅」を意味するパーリ語の「ニッバーナ」やサンスクリット語の「ニルバーナ」には、もともと火が消えるように滅するという意味があります。

つまり釈迦は、カルマの因果に支配された輪廻から脱して、完全に滅するために修行を積んだのです。輪廻転生からの解放を目指したのであり、いわば「究極の自殺」を目指したともいえるかもしれません。

業とはそれぞれに個別のもの

いま少し業の話をつづけましょう。

仏教では「因果応報」ということを教えます。世の中には理《り》不《ふ》尽《じん》に思えることが溢れていますが、それは自分自身の業が招いたものだと捉えます。その業は、その生だけのものでなく、前世から引き継いできたものと考えられています。

確かに、世の中には理不尽に思えることが溢れています。

人は、なぜ自分だけがこんなにひどい目に遭《あ》うんだ、と憤ります。

人は、なぜ自分がこんな病気にならないといけないのだ、と憤ります。

人は、なぜ自分がこの若さで死ななければならないのだ、と憤ります。

人は、なぜ自分の子どもがたった五歳で亡くならないといけないのだ、と憤ります。

……


世の中には理不尽に思えること、理不尽に思える死が溢れています。

たとえば、小さな子どもが親より早く亡くなってしまったとき、親は悲しみにくれます。そして、「親の因果が子に報《むく》い」というようなこともいわれたりしますが、これは間違っています。業は感染症ではないので、誰かの業が誰かにうつる、というようなことはありません。

早くに亡くなってしまった子は、その子なりの業によってそこで生を終えたのだと、仏道では捉えます。前世からつづく業をそこで晴らした、いわば前世の借金をそこで清算したと考えることもできます。

親が自分の子どもを亡くして悲しみにくれることはまた、親自身の業であると仏道では教えます。

仏道は死に対して徹底的にドライ

このように仏道では死に対して、徹底的に乾いています。ドライです。

人は親しい人の死に際して悲しみにくれますが、釈迦は悲しむことは無意味だと教えています。釈迦は人の死を嘆き悲しむのではなく、学習材料にすべきだといっています。

古い時代の仏教徒は、死体を野ざらしにして、毎日見に行き、死体が腐っていくのを確認することで、自分の身体への執着をなくすようにしたといいます。鳥などに食べられるままに死体を放置するわけで、これを「鳥葬《ちょうそう》」といいます。いま自分が執着しているこの身体も、いずれは腐り、滅していくものであると学習することで、身体や生への執着から離れようとしたわけです。

死を忌避《きひ》して、死から遠ざけられている現代人とは対極にあります。現代人は普通に生活していれば、動物の死にも、人間の死にも滅多に出会うことはありません。出会うとしても、せいぜいカナブンなどの虫の死骸《しがい》でしょうが、それですらぎょっとして、気持ち悪いと思う人は多いのではないでしょうか。

あるいは、最近は人の遺骸《いがい》もエンバーミング（遺体衛生保全）などで整えられ、防腐《ぼうふ》処理をされ、綺麗にオブラートに包んでごまかします。これも鳥葬とは対極にある、死に対する態度です。

これらは、「死を拒絶しよう」という生存欲求の命令にしたがっている状態です。生存欲求が脅かされるものとして、自分の死でなくても、他の死も拒絶せよ、と命令しているのです。そうやって「死」という事実から目を逸らし、ひたすら生存欲求の命令にしたがって生きているのが現代人の姿だといえるかもしれません。

悲しみを受容するための三つの態度

ここで親しい人の死などの悲しみをどのように受容するか、ということも考えておきましょう。悲しみを受容する態度としては、次の三つが考えられます。

一つめは強がって、悲しみの感情を抑圧するものです。私は全然、悲しんでいない、ダメージなんか受けていない、という態度をとるものですね。しかし、悲しんでいる気持ちを受け容れずに無理やり蓋《ふた》をする行為は、後々、心身に強いダメージを与えることになります。

二つめは、悲しむときはしっかりと悲しむという態度です。これは「グリーフケア」などと呼ばれる西洋的なアプローチです。悲しむべきときはしっかりと悲しむと、その後、立ち直りやすいといわれています。自分の悲しい気持ちを受け容れる態度です。

三つめは、釈迦のアプローチで、「起きていることを受容する」というシンプルなものです。人は誰でも死ぬのだから、それを嘆き悲しむのではなく、受容する、シンプルでドライなアプローチです。

仏道の修行をしていない人が、釈迦のように淡々と死を受け容れる態度をとることは容易ではないかもしれません。しかし、誰かの死を悲しんで、悲しんで、悲しみ抜くことで身体を壊してしまったとしたら、亡くなった人も浮かばれないでしょう。

「スッタ・ニパータ（経集）」という経典のなかに「矢の経」という経文があります。

それは、私たちは「死」という矢に貫かれているということを教えているのですが、そのなかで「死を受け容れず、嘆き悲しむことで何か利益があるというなら、君たちは嘆き悲しみなさい。しかし、嘆き悲しんだとしても、身体が損なわれていって、心も損なわれていくだけである」と説いています。

日本にかぎらず、世界のどこでもいえることですが、人が亡くなったときに号泣《ごうきゅう》することが温かい人柄、と思われているところがあります。韓国にはお葬式などで号泣することを仕事とする「泣き屋」という仕事があったらしいのですが、人の死に際しては嘆き悲しむことが正しいことであるという世間の共通認識、いわば「空気」があります。

この空気のもとでは、人の死に際して泣かずに穏やかに微笑して受け容れているような人は「薄情なやつ」と思われかねません。

泣かない人を「薄情なやつ」と思うこの心理には、自分が亡くなったときも、周りの人に嘆き悲しんで欲しい、という思いが隠れていると、私は考えています。かけがえのない自分のために周りの人は泣いて欲しいと思っているのです。これは結局は自分で自分を大事に思いたいという心であり、つまりは「慢心」です。周りの人が自分が死んでも泣いてくれなかったら、自分はそれほど大事に思われていなかったということで「慢=プライド」が傷ついてしまうわけです。

そして、この慢心により周りの人に泣いて欲しいと思うことは、周りの人が苦しむことを望んでいるのと同じことです。一日、二日、ある一定の期間、悲しみにくれることは当然あるでしょう。しかし、それも度が過ぎると、心身の健康を損なうことにつながりかねません。

ですから、「人の死=悲しむべき」という世の中の常識を植え付けられている人は、一度、その前提を疑ってみてください。そして、その心の底に自分の「慢心」が潜んでいないか、確認をしてください。そして、悲しんでいない人を「薄情なやつ」と決めつける文化からは、距離を置くことを心がけてください。

人の死に際しては、まずは自分の悲しい気持ちを受け容れます。誰もが死ぬさだめにあるということが頭ではわかっていても、心では受け容れられずに嘆き悲しんでいる自分を受け容れることです。これはグリーフケアと同じアプローチです。

その一方で、人はそれぞれの業によって死んでいくものであるという事実も受け容れようとします。理不尽としか思えない死も、それはその人のさだめであったのだと認識して受け容れることです。そうすることで、悲しみに心をとらわれて、心身を損なうことを回避できるようになるはずです。

さらに、亡くなった人が教えてくれた「死ぬ」ということを通じて、自分は心を成長させる、物事に対して受容的になってタフに生き延びていく、という心の態度をとることができるようになれば、さらに良いでしょう。

悲しみを糧《かて》にして成長する態度を示すことは、亡くなった人のためにも、いわば餞《はなむけ》になることでしょう。

釈迦はあらゆることに、乾いている

死に対する釈迦の教えについて述べてきましたが、釈迦は死についてだけではなく、あらゆることに対して徹底的にドライです。

たとえば、人は自然や芸術に対して「美しいもの」を求め、感動を求めます。

絶景の自然に感嘆し、人の内面をえぐるような絵画にも釘付けになります。絵画だけでなく、音楽、文学、映画などなど、美しいもの、魂を震わせてくれるものを求めて彷徨《さまよ》うのが人間の習性でしょう。人によって好みが分かれ、好きの程度にも差がありますが、「アート」を求める心は誰でも多かれ少なかれ持っています。

ところが釈迦が見ている世界では、「アート=人為」的なものは意味を持ちません。さらにいえば、美しい「自然」すら無意味です。なぜなら、芸術も、自然も、人間も、原子レベルに還元して認識すれば、すべて一緒だと考えるからです。人が美しいと思うものも、醜いと嫌うものも、原子レベルまで分解すれば差はなく、そしてすべて諸行無常で移り変わっていくものです。

それを美しいとか醜いとかラベリングしたり、美しいものを追い求めて、執着しても虚しいだけです。釈迦はそれを「虚しい」と捉えて虚無的になる、という反応をするのではなく、「そういうものである」と認識して受容することこそが大切だと説いています。それが悟りへの道です。

科学的認識とは、世界をありのままに認識すること

私がこのような話をしますと、釈迦にもっと違うもの、もっと輝かしいものを求めていた人たちをガッカリさせることがあります。修行を積んでいって、そのようにドライな認識を得て、何が楽しいのか？　という疑問です。

その疑問を持つのもわからなくはないですが、繰り返し述べてきましたように、「快楽」を追求するような生き方は、表裏一体としてその裏に「不足」の苦しみを伴います。そのような、快楽と不足の支配から逃れて、世界を正しく認識し、平常心で生きるほうが苦しみを少なくできるのです。釈迦のように解脱にまでいたらなくても、苦しみははるかに減るはずです。

これまで述べてきました、業による輪廻転生があると認識するには、ある種の「飛躍」が必要となります。いわば、信じるか、信じないかの世界です。誰も死後の世界を知らないわけですから、正しいとも、正しくないともいえません。

では、私はこの教えを信じているのでしょうか？　信じるというよりは、「確かにそ

うかもしれない、しかし、もしかしたら違うかもしれない。もっと検証できるまでは保留しておこう」といった具合です。瞑想修行において、瞑想状態が深まっていくときに、私がこの人生では体験していないことを自分が知っていることに気がつくことが多々あります。しかしながら瞑想によってかいま見たそれらのデータは、単にDNAに貯蔵されている、自分の祖先の遺伝子データにすぎないのかもしれません。確証は持てません。

確証が持てないものを「絶対にある」と信じるのは、狂信的態度とも申すべきで、それは正しくはありません。もちろん、業や輪廻転生を信じるか信じないかは、それぞれ個人の自由です。ただし、科学的にそのようなことは絶対ない、と断言するのも科学的に正しい態度とはいえないでしょう。あることもないことも証明できないのであれば、あるかもしれないし、ないかもしれない、というのが科学的に正しい態度です。

死に対する心の準備は、若いころから

少し理屈っぽい話になってしまいました。平常心のレッスンに話を戻しますと、死を受け容れる心の準備は、できるだけ若いうちから始めたほうがいいです。平安に、心穏やかに死んでいくためには、できるだけ早く死を受け容れる心の態度を身につけておいたほうがいいのです。

六〇代、七〇代になって、そろそろ死ぬかもしれないから、仏教でも勉強して死と向き合ってみよう、ではやはり遅い。もちろん個人差はありますが、死を淡々と受け容れるための理性が、年とともに少なくなっていくケースが多いからです。ある日いきなり、パンッと受け容れられるようになる、というよりは、日々のレッスンが欠かせないのです。

ただし、死を受け容れるということは、老後のことを心配するということとはまったく違います。昨今の不況が影響してか、二〇代、三〇代から老後の心配をする人が増えています。三〇代の女性が主人公の『結婚しなくていいですか。——すーちゃんの明日』（益田ミリ／幻冬舎文庫）という人気漫画があります。この漫画自体はほのぼのしていて私も好きなのですが、すーちゃんは「この年収で老人ホーム代が払えるのだろうか」などと、しょっちゅう老後のことを心配しています。

このような心配をしてしまう気持ちもわからなくはないですが、こんな心配は役に立ちませんし、むしろ心にとっては有害です。これは老いることへの抵抗感や、老いることを想像してあらかじめ恐怖を心に刷り込んでいるだけの話です。現実に抵抗して、現実を受け容れない負のエネルギーを増やしていっているだけです。

老人ホーム代の算段がついたとしても、次はお金がかかる病気になったときに支払うだけのお金があるだろうか、と心配するでしょう。お金の問題がクリアできても、老後を誰かが面倒見てくれるだろうかと違う心配が出てくるでしょう。要は、このような心配は尽きることがなく、その心配の中身をじっと見つめてみると、「老いたくない」「病になりたくない」「死にたくない」という生存欲求に行き着くのです。

これに若いころから縛られていると、いざ本当に老いてきて、死を迎えていくプロセスでたくさん苦しみを味わうはめになります。人生の最期が苦しみの雪崩《なだれ》にみまわれて終わるということになりかねないのです。

死を受け容れる平常心のレッスンとは、「常に自分は壊れていくんだな」ということを最低、一日に一回ぐらいは思うようにしておくことです。しわが増えているのを見つけたら「ああ、しわが増えているな。確かにこうやって老化していくんだな。壊れていくんだな。死に近づいていくんだな。嫌がらずに受け容れておこう」と思うことです。「嫌だなと思いそうになったけど、それは盲目的な生存本能に基づいてそう思わされているだけなんだな。そっちのほうにいくと苦しみが確実に増えるから、やはり受け容れておこう」という方向に心を持っていくことが大事なのです。

このようなことを一日に何回も思うレッスンができれば、老後は安らかという意味で安心といえるでしょう。

老後にかぎらず、「死を受け容れる」レッスンを積んでいると、日常生活にもいい効果が現れてきます。たとえば、何かをどうしてもうまくやりたい、どうしても実現したいと思っているようなとき。あまりにも強く緊張して、興奮してしまうことによって、かえって物事がうまくいかないことはよくあります。

そのようなときに、死を受け容れるレッスンを積んでいる人は、スッと冷静になることができます。「あの人も死んだ。あの人すら死んでしまった。確かに私もそのように死んでいく」という深い得心《とくしん》から、「これが、死ぬほど緊張したり、ジタバタするようなことか。それほどまでに渇望すべきことなのか」と落ち着きが取り戻せるのです。つまり平常心が戻って来る。

いろいろなものとつき合うときに、執着することなく「私も死んでいく。あなた方も死んでいく。何も持っていくことはできない。いまこれを蓄積しても、しょせん最終的には持っていくことはできない。その程度のもの。その程度のことをしているにすぎない」ぐらいの意識を持つことです。これはもちろん、いい加減に仕事をしろ、ということではありません。平常心で穏やかに取り組むことによって、物事というのは、かえってうまくいくものだ、ということをお伝えしたいのです。

嫌がれば嫌がるほど、老いは加速する

ところで、人間の細胞というのは、本当に生まれてはすぐに壊れてしまい、死んでしまいます。そして古い細胞が死んだら、その元の細胞の情報に則った形ですぐに次の新しい細胞が形成されます。ぼんやり全体を眺めていると変化がないように見えるこの身体は、瞑想によってミクロのレベルで認識してやると、猛烈な速度で、崩壊しては新しく生まれるのを繰り返しているのがわかり、それが諸行無常を体感することでもありま

す。

しかし、生まれ変わるといっても、元の細胞と同じように生まれ変わるわけではなく、前の細胞の情報を読み込みつつ、「前よりほんの少しだけ元気な細胞」や、「前よりほんの少しだけいびつな細胞」へと生まれ変わっているのです。この細胞レベルの生まれ変わりにも個人差があり、それぞれの個人のなかでも、その時々の状況が影響するのは間違いありません。細胞の生まれ変わりに影響を与えるものを仏道的に考えると、次の四つに影響を受けている、といわれています。

①古い業。過去の良い感情や悪い感情に影響を受ける。
②新しい業。細胞が生まれ変わるときの心の状態。穏やかで明るいか、苛立っていて暗いか。
③食事内容。どのような食事をとっているか。
④「時節」。そのときの天候や温度などの環境要因に加えて、そのときの呼吸の性質なども含む。どのような呼吸をし、どのような性質の空気を取り入れているか。

この四つに影響を受けて細胞が生まれ変わるわけですから、当然、この四つがより良い状態の人は、老化の速度が遅くなります。高僧が長生きだったり、いつまでも若く見えるのはこの四つを細胞にいい状況で生きているからだと申すことも、できるかもしれません。

とはいうものの、どのような高僧でも死を免れることはできません。一日一日、老いていっているのも同じです。高僧と一般の人の一番の違いは、やはり老いや死を平常心で受け容れているか、いないかということにあるように思います。

そして老いや死は嫌がれば嫌がるほど、より近づいてきてしまうのが皮肉なところです。なぜなら、「嫌だな」ということは、つまりは心身がストレスを感じている状態であり、そのような気持ちを持っているようでは、細胞の生まれ変わりに悪影響を与えるからです。

たとえば、抜け毛をすごく気にしている人がいるとします。その人は毛が抜けるたびに、「嫌だな。周りからどう見られるかな」とそれを嫌がり、受け容れないでいればいるほど、ストレスでより毛が抜けてしまったりするわけです。それを「こうやって、毛髪という自分の身体の一部が摩耗《まもう》して失われていくんだな。そうか、そういうものなんだな。いま、また死に近づいたということだな。受け容れておこう」と受け容れれば、よほどひどい食生活をしていないかぎり、かえって抜けるペースが遅くなります。

シミができても、しわができても、下腹が出てきても、こうやって老化して死に近づいていくんだな、と受け容れます。死を受け容れるためのレッスンと思って意識的に「こうやって老いて、死んでいくんだな。受け容れよう」としっかりと、穏やかに思うことが大事です。これが自分自身でできる、死のレッスンです。

病を受け容れるレッスン

死を受け容れるためのレッスンとは、自分自身の老いを受け容れることだけではありません。レッスンの機会は身の回りにたくさんあります。

たとえば、夏の終わりには蟬《せみ》の死骸に多く出会います。そのときに、「蟬が死ぬように、私もいずれ死ぬんだな」と死を受け容れます。

蟬の死にはそれほど「嫌だな」という思いを抱かない人も、最愛のペットや最愛の人の死に際しては、深い悲しみにくれるはずです。そのときも「あの人すら死んでしまう。そのように自分も確かに死んでいく」と受け容れて、その人の死を通じて自分を強くすることができれば、それはある意味、その人を大事にすることであるといえます。

あるいは死でなくても、友人や親しい人の深刻な病気に直面することもあります。現代では、近親者や知り合いががんになることも多いでしょう。それも「生老病死」の四苦を受け容れるレッスンとなります。

「可哀想に」といたずらに同情したり、「大丈夫、絶対治るよ」と安易に励ましたりせずに、淡々とその人と向き合うことが大事です。周りの人が過剰に悲しんだり、同情したりすると、せっかく心を落ち着けた病人の平常心を乱してしまいます。私たちは自分の想像以上に人の影響を受け、他人の意見を刷り込まれるような性質を持っていますから。

たとえば、友人のことについて、別の誰かが「あいつは実は○○なんだよ」と言っているのを聞くと、実際に自分で確かめたわけでもないのに、「そうだったのか」とあっさり色眼鏡でその人を見たりします。

あるいは、テレビのワイドショーや週刊誌で、芸能人がある失敗をきっかけに急にバッシングされたりすると、それまで好ましく思っていたことなど忘れて、その価値観を刷り込まれて、同じように嫌いになったりします。

病人でも同じことがいえます。周りの同情や憐憫《れんびん》、あるいは周りが病気を受け容れないという態度が病人にも伝播《でんぱ》し、自分の現状（病気）を受け容れたくないという気持ちを強めてしまうのです。

これは、死を受け容れるレッスンどころか、病人を「心配」により洗脳して足を引っ張る行為ですが、しばしば見られるものですので、気をつけたいものです。「あなたが病を得たように、人は誰でも病になるのですね。私もそのようなものとして受け容れます」と心のなかで受け容れて、平常心で病人と接することが大事です。

介護で学べること

老いを受け容れるということでいえば、認知症の近親者や、あるいは要介護状態の近親者を介護するときにも同じことがいえます。同情するのでもなく、嫌がるのでもなく、「人はそうやって老いていくのだな」と受け容れることです。そういう態度で接することで、認知症の人や介護される人も、より平常心を保つことができます。

たとえば、認知症の人でも、完全に周りのことがわからなくなる人だけではありません。まだ正常な脳の働きがあって、でも一部自分が病んできている、認知症になっているという意識を持っている人はいます。そういう人に対して、周りの近親者が「ぼけないでしっかりしてよ」などと声をかけると、自分でも自分が受け容れられなかった人の心（慢）はますます傷つき、それを否定しようと怒りがわいてきます。介護をしてくれる近親者に向かって、激しい怒りをぶつけることもあります。

これでは介護をするほうも、されるほうも不幸な関係です。そうではなく、介護するほうは「老いるということを教えてもらえているんだ」という気持ちで接し、介護されるほうも「老いている現状を受け容れます。介護が必要な自分を受け容れます。介護してくれてありがとう」という気持ちで過ごせれば、幸せな老後、心穏やかな老後が訪れるでしょう。

このように自分や周りの物事から「老病死」を認識する機会をもらうことは、チャンスだと捉えて、積極的に受け容れるレッスンをする姿勢が大切です。

これをチャンスと捉えずに「嫌だな」と思って受け容れないと、心に大きなダメージを刷り込むことになってしまうので要注意です。「嫌だな」と強く思えば思うほど記憶に刷り込まれて、いずれその記憶（業）に呪われてしまいます。誰にでも訪れる「老病死」を嫌だと思っても、必ず、自分にも訪れます。そのとき、記憶に刻まれた「嫌だ」という思いが呪いとなって、自分を苦しめるのです。

このように「老病死」にまつわることを「受け容れる」ことと「嫌だな」と思うことのあいだには、プラスマイナスでものすごい差がつきます。受け容れれば、平常心にとって素晴らしいプラスとなり、嫌がれば激しいマイナスとなります。「嫌だな」と思う業を積んで、いずれその報いを、「記憶に呪われる」という形で受けることになるのです。

「ま、いっか」の精神を取り戻す

この章では「生老病死」に対して平常心で向き合うことの意味とそのための心の態度について述べてきました。平常心を身につけるためには、「死」を受け容れること、「死」を受け容れるレッスンが欠かせないということがおわかりいただけたのではないでしょうか。根本にある「死を受け容れる」ことから目を逸らしていては、平常心は身につきません。

平常心が身についていけば、日常生活のなかで、何かにものすごく執着して好きになったり、反対に何かをものすごく嫌いになってストレスに苛《さいな》まれることも減ります。ドーパミンやノルアドレナリンの神経回路が活性化しているときでも、平常心がすっと出てきて「まあ、そういうものだな」と緩衝材《かんしょうざい》として働いてくれるのです。

釈迦もさまざまな説法で平常心の大切さ、「まあ、そういうものだ」と受け流すことの大切さを説いています。

「君たち弟子よ、他の宗教家や信者が、私や君たちのことを褒めていたりしても、気にしなくてもいい。なぜなら、褒められて喜んだら冷静な判断ができなくなるからだ。

しかしまた、君たち弟子よ、君たちの師匠である私が非難されていたりバカにされたりしていても、まったく憤慨することはないし、反論する必要もない。そんなのは放っておきなさい。非難する人間がいるというのは当たり前なのだから」

これは釈迦自身の体験も踏まえて説いている話でしょう。釈迦は説法をしている最中に、バラモンなどから邪魔をされたり、非難されたり、論難されるという話が、さまざま経典に書かれていますから。

こうやって経典を読んでみますと、釈迦の時代から、人間の悩み、苦しみというものは何も変わっていないということがよくわかります。

幻である慢心（プライド）をつくりあげ、人から非難されては慢が傷つき、落ち込み、怒る。そして、日々、イライラを募らせる。そんなときは、自分はしょせん壊れて死んでいってしまうものだということを思い出して、平常心を取り戻します。そうすることで、「ま、いっか」という精神を取り戻して、元気になることができます。

「愛別離苦」「怨憎会苦」「求不得苦」「五蘊盛苦」――。まず、苦しむことは当たり前だと受け容れることです。当たり前だと思い始めた時点で楽になり、それはもう苦しみではなくなっていきます。すべての苦しみがなくなることはなくても、苦しみと感じるものの数が減っていくということが幸せになる道です。

それは平常心であらゆることを受け容れていくことです。人を受け容れ、物事を受け容れ、そして自分の弱さも、虚勢を張らずに受け容れることです。そうすれば、苦しみの少ない、平静で幸せに満ちた人生を送ることができるはずです。

4章 生老病死に平常心で臨む

死を受け容れるレッスン

「死にたくない」生存欲求が苦しみの源泉

死を拒絶すると、
苦しみつづける

人が死ぬとき連れていくのは業だけ

カルマ＝思念のエネルギーの
総体を連れていく

一日に一回は死を受け容れるレッスンをする

自分の老いも病も、
人の老いも病も死も、「こうやって
死んでいくんだな」と、老病死を
受け容れるレッスンにする

5章　平常心を身につけるための日々の習慣

——焦らず、諦めず

「こうしなければならない」という状態から解放する

この章では、平常心を身につけるために、日々の生活のなかで行うことができる、ちょっとした習慣についてお話ししてまいりましょう。

これまでお話ししてきましたように、私たち人間の日常生活では「欲しい、欲しい」のドーパミンの神経回路や、「嫌だ嫌だ、破壊したい、逃げたい」のノルアドレナリンの神経回路に支配されて行動することが多いです。そして、強く「欲しい」と思ったり、激しく「嫌だ」と思ったことは記憶に刻み込まれて、やがてその記憶（業）に私たちは呪われてしまうのだと、述べてまいりました。その結果として、やめたくても欲望ゆえにやめられないことや、やりたいのに嫌悪感や苦手意識ゆえにやめたくなってしまう、なんていうことが起きて、生きることが苦しくなってしまう。

この連鎖を断ちきるためには、「欲望すること」と、「嫌悪して怒ること」に共通する、目的意識から離れることが役に立ちます。欲望は手に入れることを目的とし、嫌悪し怒ることは、イヤな対象がなくなることを目的としていますから、「目的遂行的」という点では同じなのです。

ですから、そうして私たちを緊張させ「あれをしなさい」「これをしなさい」と命じてくる、目的、目標といった「こうしなければならない」という状態から自分を解放することで、心はフワッとモード変換いたします。私たちは日々「目的、目標」にしたがって、突き動かされています。いついつまでにこの仕事を仕上げる、といった仕事上の目標もあるでしょうし、こういう自分になりたい、ああいう人にはなりたくないといった目的を持って、ほとんどの行動は行われます。けれども目的というのは常に未来を目指しているため、「現在」は目的を達成できていないつまらない時間として感じられてしまい、知らぬうちにストレスを生じさせます。ですから反対に、日常生活のなかで「目的、目標」のない行為、時間を持つことが大事であり、平常心を身につける上で、とても役立つのです。

目的意識によりすぐに未来へと吸い込まれてゆき「現在」をなおざりにしがちな心を現在へと引き戻してやるためには、「いまこの瞬間の体の感覚を味わう」、という意識も大切です。私たちは目の前のことに集中しているつもりでも、先述のようにいつも記憶に呪われて別のことを次から次へと考えているものです。この習性があるということを自覚して、いましていることにしっかりと意識を集中します。いま、この瞬間を味わうという意識を持つことで、記憶の呪縛から少しずつ解き放たれていくレッスンとなるのです。

瞑想する時間

「目的、目標」から自分を解放するためには、瞑想する時間を日々の生活で持つことはとても有効です。朝や夜に一〇分でも瞑想する時間を持てればもちろんいいですが、通勤電車のなかでも、瞑想する時間を持つことはできます。満員電車に立ったまま揺られていては難しいかもしれませんが、坐《すわ》れるようであれば充分に可能だと思います。

瞑想では、これまでもお話ししましたように、まずは「呼吸」に意識を集中することが有用です。何も深呼吸や腹式呼吸をする必要はありません。また、結跏趺坐《けっかふざ》（足の甲を反対の足の太ももの上に載せて、両足を交差させる坐り方）で坐れない人は、片方の足の甲だけを太ももの上に載せる半跏《はんか》でも構いませんし、時と場合によっては椅子に坐るのでも構いません。坐り方は問いません。

姿勢は緊張せずに肩の力を落とします。ただし脱力してだらっとしてはいけません。背筋はある程度伸ばし、緊張せずリラックスした、自然な体勢をとります。

目はあいていても、閉じていても構いません。目があいている場合でも、少し閉じがちにします。いわゆる「半眼《はんがん》」の状態で、鼻先のほうに視線を落としておきます。見ることで目がキョロキョロとして落ち着かない、ということであれば目を閉じても構いません。ただし、目を閉じたことによって居眠りしてしまっては瞑想にはなりませんが。

肝心なことはリラックスした楽な状態で、呼吸に意識を結びつけることです。普段は意識していない呼吸による空気の流れを感じ取るように心がけます。吸い込んだ空気が鼻のなかを通過する感じ。その空気が肺にまで到達する感覚。そして、肺のなかから押し出されてきた空気が、また鼻をとおって外に押し出される感じ。呼吸とともに、腹部が拡張したり収縮したりする感覚。

呼吸している、「いまこの瞬間」をしっかり味わうことによって、呼吸に意識を結びつけます。呼吸に意識を結びつけることによって、「あの仕事が終わっていないなあ」とか、「本当に嫌な上司だ」とか、「パーッと酒を飲むぞ」といったさまざまな思念や記憶にのめり込むことから、何パーセントか離れます。たとえば七〇パーセントくらいは思念に心を奪われつつも、残り三〇パーセントはニュートラルな息の感覚を感じているといった具合に。いきなり、「一〇〇パーセント息に没入して集中しなければ」などと力むのは目的意識による欲望むきだしで、逆効果です。何パーセントかの心が息に乗っていれば充分ですので、ゆったりと何も求めずに、取り組んでください。

　もちろん、最初はなかなかうまくいきません。呼吸に意識を結びつけようとしても、次から次へと思念が浮かんできて、気がつくと意識は別のところに飛んでいます。でも、それはそれで構いません。それに気づいたら、「ああ、私はそのことがそんなに気がかりだったんだね」と認めて受け容れてあげます。「呼吸に集中できない自分はダメだ」とイラッとしたり、雑念を追い払おうとしないでください。違う思念にとらわれていることに気づいたら受け容れて、そうすることによってそれを流してしまい、また呼吸を感じることをやり直してください。「考える」ことがたくさん混じってきていても、感覚を「感じる」時間を確実に挿入していってやれば、やがておのずから考える割合が減っていきます。

これを繰り返すことによって、少しずつ呼吸に意識を結びつけられる時間が増えていきます。それがすぐに生じずにさまざまな思いが千々《ちぢ》に乱れていても、そんな自分も受け容れてください。「ああ、かなり思い煩《わずら》うことがあるんだな、私には」と受け容れるのです。

瞑想で気をつけること——心のゴミにうろたえない

ところで、瞑想をする際に気をつけて欲しいことは、心を落ち着けてから瞑想することです。瞑想をすることで平常心が身についていくのですが、その瞑想をするときに、あまりに興奮したり、イライラしたりしていては、瞑想はうまくいきません。

まず、心を整えて、落ち着けます。「私は興奮しているんだね」と自分で自分を認識し、その状態を受け容れ、そして流すことによって、平常心を取り戻してから瞑想に取り組んで欲しいのです。

なぜなら、瞑想というのは自分の心を見つめる作業だからです。最初は呼吸に意識を結びつけるのに精一杯でも、そのうちに自分というものが徐々に見えてきます。

言い方を換えれば、瞑想することによって自分の心のなかに溜まった「ゴミ」が見えてくるともいえます。「ああ、私にはこんなゴミがあったのか」と気づくことができるようになるのです。ところが、心が乱れた状態で瞑想をするということは、ゴミが空中に舞い上がった状態で始めるようなもので、ゴミの姿がよく見えないのです。

ですから、まずは心を落ち着けて、空中に散らばったゴミが床の上に落ちてきている状態をつくりだしてください。そうすることで、ゴミを見つけることができます。もちろん、ゴミは見つかるだけで、それがすぐに減るわけではありません。しかし、ゴミを見つけて、見つめているうちに、少しずつゴミは減っていきます。

このゴミというのは、いわば自分のなかの嫌な部分であり、業であるといえます。瞑想というのは、それによって平常心を身につけたいと思ってはじめても、自分のなかの嫌な部分、自分が認めたくない、受け容れたくない自分の姿を見せつけられることになります。つまり、瞑想することによって、平常心を身につけるどころか、「そんな自分は嫌だ!」とかえって、平常心を失うことにもなりかねないのです。

それを防ぐためにも、瞑想では、次の三つが大事です。

①自分の心の状態などに、ありありと気づいている
②そして、それに集中している(その他のことは一切認識していない)
③さらに、それに対して冷静である(つまり平常心)

気づいて、集中して、だけれどもそれに対して平常心で臨むことが大事なのです。

そして、私がこの頃、もっとも忘れられがちであるがゆえに大事だと思っているのが③の平常心です。平常心がないと、瞑想は有益どころか、かえって害悪となってしまうこともありますし、瞑想の段階もなかなか進んでいきません。

害悪になるというのは、先ほどもお話しした、自分の心のなかに溜まったゴミが見えてきて、それをイヤだと思うことで平常心を失う状態です。たとえば、イライラしている自らの感情を「怒っている、怒っている」と客観的に見つめているつ、、、もりで、実際に

は怒りの感情を「よくないもの」と評価して、やっつけたい、消し去りたいという感情が働いているなら、そこに平常心が欠けています。結果として、イライラを抑圧して、心が屈折します。

もう一つは、瞑想によって、自分の苦しみや痛みが取れていったときに、それに興奮して、もっとうまく苦しみを取り除きたい、もっともっと瞑想して気持ちよくなりたい、と平常心を失うパターンです。「もっともっと欲しい」という欲望の回路に、瞑想のある段階で支配されてしまうのです。

前者は瞑想の初期に起こりがちな罠で、後者は瞑想の中期に起こって、瞑想の進展を妨《さまた》げるものです。どちらも大事なことは「平常心」を失わないことです。仏道の修行においても、「平常心」というのはそれほど重要なことなのです。

七覚支《しちかくし》の教え

仏道には「七覚支」という教えがあります。悟りにいたるために大切な七つのことを教えたものです。詳しくは準備中の別著『仏道超入門』に述べておりますので、ここでは簡潔に申しましょう。

①念《ねん》覚支＝自分の心や体の細部で何が起きているか、気づいていること
②択《ちゃく》法《ほう》覚支＝無常・苦・無我の法則を認識していること
③精《しょう》進《じん》覚支＝心の乱れを削り落としてゆくこと
④喜《き》覚支＝瞑想中にわいてくる喜悦感。体が元気になる
⑤軽《きょう》安《あん》覚支＝瞑想中に抗重力筋が機能して、体が軽くなること
⑥定《じょう》覚支＝精神統一による強力な集中状態
⑦捨《しゃ》覚支＝ものごとに反応しない平常心

七番目に平常心が来ているということは、その他のすべてのファクターが揃っていても、冷静さを欠いてしまうと、うまくいかなくなることをよく物語っています。これがなければ、正しい教えにしたがって修行をしても、なかなか悟りにはいたれないのです。

ですから、瞑想中にいかなる現象にぶつかっても、常に「平常心」を心がけて、「い

い」とか「悪い」とか評価せずに「ま、こんなもんか」「ま、いっか」と冷静に見つめるように。心を落ち着けて、見えてきたことや、わかってきたことを受け容れる態度です。そのことについて、感情的に評価しないことです。

瞑想は精神医学でいう認知療法と似通っているところもあります。認知療法は、自らの認知の癖を客観的に知ることによって、認知の仕方を変えて、より社会に対して適応的な考え方を身につけようというものです。

何事につけても悲観的にものをとらえる認知の仕方が身についてしまい、それによってうつ状態に陥りやすい人に対して、認知療法による指導が行われたりします。たとえば、自分がいまとらわれている悲観的な考えについて、書き出してみます。その後に、そうではない可能性についても、同じように書き出してみます。そうやって自分の頭のなかの認知を紙に書き出して整理することで、自分の認知の偏《かたよ》りを認識し、少しずつそれを矯正《きょうせい》していこうとするものです。

仏道の瞑想も認知する、気づくということでは同じですが、考え方だけではなく、普段意識していない自分の記憶（業）や身体奥深くにある、無自覚のしこりにまで気づこうとする点で違いがあります。自分がまったく気づいていないような、自分自身の業にすら気づくことができるのが瞑想なのです。

さらに仏道では、認知の仕方を社会に適応的に変えるというよりは、自分の心の状態を受け容れ、流し去ることによって、苦しみを減らすことを心がけます。「より適応的な認知」という目的を掲げるのではなく、ただ認知し、受け容れることによって、少しずつ苦しみが減っていくのです。

瞑想の実践的な方法に話を戻しますと、とにかく「平常心」を常に心がけてください。

瞑想中に平常心を失って「こうしたい」「こうせねば」と心がこりかたまっているのに気づいたら、いったん無心に息を感じるところに立ちかえって、平常心が戻ってから取り組み直します。

瞑想中、瞑想に集中できない自分も受け容れること。

瞑想中、思いがけず嫌な自分を見出しても、慌てずに受け容れること。

瞑想中、思いがけず苦しみが取れても、興奮せずに、静かに受け容れること。

食べるレッスン

平常心を身につけるために有効な日々のレッスンの場として「食事」があります。私たちはどんなに忙しいときでも、毎日、必ず食事をしますね。忙しすぎて昼食を食べられなかったということはときにはあるでしょうけれども、ほとんど毎日行う「食べる」という行為は日々の生活で行える貴重なレッスンの機会となります。

では、現代の私たちはどのような食べ方をしていることが多いでしょうか？

私には、現代人は食べるという行為も、ドーパミン回路に強く支配されているように思えます。つまり、身体に本当に必要なものを過不足なく摂取するということではなく、脳内に分泌されるドーパミンの指令によって、快楽を求めて、「もっともっと」と食べている状態です。あるいは、快楽と表裏一体の「足りない」という苦しさに急《せ》かされて、ガツガツと貪《むさぼ》るような食べ方です。

別のケースで美食にはしるような人は、前にもお話ししましたように、美味しさの記憶にとらわれて、いま目の前の食事を本当に味わえていないケースも多いでしょう。

快感を求めてガツガツ食べているようなとき、私たちはどういう食べ方をしているかというと、血圧は上がり、呼吸も荒々しくなって、先へ先へ急げという感じで、脳が命令をくだしています。そうすると、よく噛まずに、掻《か》き込むような食べ方になります。

この食べ方で脳は「足りない」という思いが満たされて快感を感じますが、一方で身体はダメージを受けます。本当はご飯一膳でもゆっくり食べれば充分な量だったのに、慌てて掻き込むことでご飯を三膳も食べたりすると、胃などの消化器官にとっては負担の多い食べ方になります。

このような過食、あるいは過食と裏返しの拒食といった摂食障害は、現代日本では大きな問題となっています。重い摂食障害まではいかなくても、暴飲暴食をついしてしまうという人は多いのではないでしょうか。飢えから解放されているはずの現代日本人が、なぜ飢えに苦しんでいるかのような食べ方をしてしまうのか？　一つには、前に述べましたように、私たちの神経回路の基本設計が、飢えや不足を前提にできているせいでもあるでしょう。

私たちの脳は、脂質・糖質・たんぱく質が含まれることを示すデータが味覚から入力されてくると、ドーパミンを分泌して快感を感じるようにできています。これは食べ物が少なく、飢えでさまよっていた人類の祖先が、カロリーを確保するためにいつのまにかつくりあげていた仕組みと申せるでしょう。

けれども現代のように食べ物が溢れかえっている上に、油や砂糖など、純化されたぶんだけさらに強烈な快感をもたらす物質が揃ってしまうと、原理的には休むことなく快楽を入力しつづけられてしまいます。

ここで致命的なのは、「快楽」≠《ノットイコール》「満足」である、ということです。食べても食べてもドーパミンの仕組みの必然性により、例によって快楽への耐性がついてきて満足できず、かえって苦しくなってくるのです。こうして、「足りないこと」を前提に設計された仕組みは、豊かになってしまうと対応できず、自壊しかねないのです（「快感」≠「満足」、「快感」≠「幸せ」という論点については、拙著『3・11後の世界の心の守り方』〈ディスカヴァー・トゥエンティワン〉に詳述していますので、ここでは略述します）。

それに加えてさらに、現代人は精神的にとても飢えていて、その精神的な飢えを食べることで代償的に解消しようとする衝動が生じがちだからというのもあるでしょう。

ストレスを感じたとき、イライラしたときに、食べるという行為に没頭することで、束《つか》の間《ま》その苛立ちを忘れようとする。食べ過ぎて食べ過ぎて、苦しくなってようやく食べるのをやめます。その食べ過ぎの「苦しさ」で、それまで感じていたストレスを忘れようとする。そのような痛ましい循環に陥っている人は少なくないでしょう。

この回路は食べることにかかわらず、お酒やギャンブルなど、依存症に特有のものであるのは、これまでに述べた通りです。

咀嚼《そしゃく》は瞑想の一〇歩手前

では、その苦しみから抜け出すにはどうすればいいか？　それは、咀嚼という「反復動作」をしっかりと繰り返すことです。欲望による「早く次の一口を口に運べ」という指令から心をブロックするためにも、いま現在の咀嚼という行為に心を結びつけます。前に意味のない動作の反復が心を落ち着けると記しましたが、咀嚼という行為も、目的意識を離れて徹底して反復します。

「一口三〇回嚙みなさい」というのは、子どものころによくいわれたことですが、ここでは回数に執着しないことにしましょう。そうではなく咀嚼するという行為そのものにしっかりと心を結びつけましょう。

口にいれた食べ物がひたすら舌にあたっている感触。食べ物が少しずつバラバラになって唾液が混ざり、だんだんとその量が増えていく。唾液のなかのアミラーゼが食べ物を分解し始めて、口が「第一の消化器官」としての働きを充分にする。

そういったことに気づき、集中して、咀嚼することで自然に平常心が生じてき、記憶の呪縛から逃れることができます。心を咀嚼にしっかり結びつけることで、よく嚙んでいるうちにセロトニン分泌のレベルが高まり、「楽」の回路にスイッチが入るのです。

私は自分のお寺やカルチャーセンターなどで「食べるレッスン」ということを行うことがあります。それは、平均的な男性でしたら数口で食べてしまうようなケーキを、一口ずつ徹底して咀嚼して、二〇分から三〇分もかけて食べるというレッスンです。一口、一口、いま書いたような咀嚼のプロセスに心を結びつけます。

そうしますと、これまで感じたことがなかったような満腹感を、小さなケーキから得られることに、みなさんが驚きます。何人かの人たちは途中で満腹になって、そのケーキを食べきるのが難しくなってしまうほどです。

さらには、咀嚼するときに、咀嚼しているものについての情報を省略せずにありありと感じて大脳に送ってやり、その情報量を増やしてあげると、負担が少なく、胃腸で栄養が吸収されるようになります。たとえば、固い蓮根《れんこん》を食べているときは、「最初は固くても、しっかりと唾液を混ぜて咀嚼しているうちに、柔らかくなり、甘くなってきた。ただし、食物繊維は咀嚼したあとでも舌にまだ感じる」というようなことをじっくり味わいその情報を入力しながら咀嚼することで、さらに消化吸収がよくなっていく、と私は感じております。

このように、食べることは瞑想修行につながるほど、「楽」にスイッチを入れて平常心を身につけるための良いレッスンの場となります。ところが現代人は「快楽」を求めてがっついてしまうせいで、よく噛まずに食べてしまい、「楽」のチャンスをみすみす失っているとも申せるでしょう。毎食、毎食、三〇分の咀嚼をする時間がとれない人でも、一日に一度、あるいは週末だけでもいいから、咀嚼に意識を集中した食事をしてみることです。

あるいは、テレビを見たり、新聞や雑誌を読みながらの「ながら食い」が習慣化している人は、それをやめてみてください。食べること、咀嚼することにきちんと意識を集中することです。徹底的に食事に集中する余裕がないときでも、「ながら食い」をやめるだけで、これまでよりもはるかに心穏やかに食事と向き合うことができるようになるはずです。

また、咀嚼に意識を集中しようとしても、呼吸に心を結びつけておくことが難しいのと同じように、最初は簡単にはいかないかもしれません。ときにはわかっていても暴食してしまうこともあるでしょう。

そのときに大事なことも、そういった自分も受け容れる、ということです。できなかった自分を「いまはゆっくり咀嚼できないほど、イライラとしているんだね」と認めて、受け容れる。その時点で実は、すでに少し平常心に立ち返っているのです。

身体の痛みを見つけるストレッチ

これまで、瞑想と食べるレッスンについて話してきました。日常生活のなかでできるレッスンについて、もう少しご紹介しておきましょう。

たとえば、ストレッチもいいレッスンとなります。どんなストレッチでもいいのですけれども、たとえば、机に座って、両肘を後ろに引いて、肩胛骨《けんこうこつ》のストレッチをするとします。パソコン仕事をしているような人は肩が凝《こ》っていることが多いですから、あるところで「痛たたた……」となると思います。

そうしましたら、それ以上無理に肘を引こうとせずに、次に呼吸に集中して、その呼吸が肩の痛みまで届くようにイメージします。そして息を吐き出すときは、その肩のところから口に向かって息が流れ出るようにイメージします。呼吸に意識を向けることで「楽」の回路にスイッチが入っている場合は、セロトニンによる鎮痛作用も生じてきますので、ストレッチの痛い感じが弱まり、さらに伸ばしやすくなると思います。

この呼吸を繰り返すことで、肩がじんじんとしてくることもありますが、そういうときも驚いたり、喜んだりせず、ただ認識だけしておきます。痛みを取りたいといった目的意識を持つのではなく、ただ痛みを感じ、そこに向かって息を吸い込み、そこから息を吐き出してください。

これによって、身体の痛みがポーンと取れることもありますが、そのように痛みがうまく取れなくても、呼吸と痛みに心を結びつけておくことができれば、それだけで充分にレッスンとなります。そのあいだは、目的や記憶の呪縛から離れることができたわけですから。

客観的に自分の姿を「書いて」みる

認知療法の真似ごととして、「書くこと」はなかなか有効な方法となるかもしれません。たとえば、最近イライラしているなと思ったら、今日一日、あるいはこの一週間で自分が嫌だなと思ったことを、思い出しながら書き出します。

そのときも大事なことは平常心と呼吸です。呼吸をととのえ、平常心を保ちながら、自分が「嫌だな」と思ったことを思い出し、ノートや紙に書き出していきます。そのときの書き方のポイントは、「客観性」を保って書くということです。

あまりにも激しい怒りを感じていると、呼吸も荒くなって、「あいつは絶対に許さない」といった激烈な怒りの言葉をつい書いてしまいたくなるかもしれませんが、平常心を失わないように。

彼が言った「○○」という言葉に接して、私には激しく怒るという心理的反応が生じた――。たとえばこのように、あくまでも第三者的に客観的な記述を心がけることです。そして「ああ、本当にそのときは嫌だったんだね」と認めて、受け容れます。「自分のなかの慢が、自分より劣っていると思っている彼に小馬鹿にされたことで傷ついたんだね」というように、冷静に自分を認識し受け容れることができれば、なおさらいいです。そうやって、そのときの自分の感情に振り回されることなく、なぜそうなったのか、自分の感情に寄り添って認識し、それを受け容れることで、流し去っていく。自分の感情に寄り添ってくれるのは自分しかいません。そうやって、そのときの自分を受け容れることができれば、その感情の渦に引きずられることなく、その感情を自分のなかから流し去ることができます。

書くことは、イライラしているときだけでなく、自分がそわそわと浮かれているときにも有効です。何で自分はこんなに浮かれているのか？　ああ、あの仕事がうまくいって、みんなに褒められて調子に乗っているんだね、慢が増長しているんだね、と気づくことができれば、それ以上、慢を膨らませて、その結果失敗することも減らせるはずです。

書くことは、毎日、日記のようにつづけることも効果があるでしょう。イライラしやすい人なら、一カ月毎日、その日自分が何にイライラしたのかを書き綴《つづ》ることで、自分の心の傾向を客観的に知ることができるようになります。

もちろん、書くことができないときがあることも受け容れましょう。日記的に書き始めても、自分には向いていないと思ったら、それをやめることも構いません。「三日坊主」と自分を責める必要はないのです。この方式は自分に合わなかったと受け容れればいいだけのことです。

日記が向かない人でも、畑作業は黙々と続けられるかもしれません。あるいは、目的もなく淡々と歩くことで、平常心が鍛えられる人もいるでしょう。これは「目的のない反復」を日常生活のなかに取り入れるレッスン方法です。これも自分に合ったものを見つければいいのです。プールに行って、延々と二五メートルを往復して泳ぐことで、業の呪縛から逃れられる人はプールに行けばよいのです。

書くことでも、畑作業でも、歩くことでも、プールでも、自分が一番平常心で向き合えることを探して、そのレッスンをできるだけ日常生活に取り入れて、つづけてみてください。

完璧な自分を求めない

これまで平常心の身につけ方について話してきましたが、世の中には、何事に取り組むにしても「簡単に身につかないなら、私はやりたくない」、という人がいます。あるいは、完璧にできないならやりたくない、という人もいます。

完璧にできないならしたくない、というのも一つの「慢」です。完璧にできない自分を受け容れることができないのです。

しかし、一〇〇はできなくても、二でも三でも平常心を身につけることができれば、人生はもっと穏やかで豊かなものになるのは間違いありません。

自分の「慢」を戒めながら、平常心を心がけ、瞑想や食事など、日々の過ごし方を少しずつ変えていくことで、一歩、一歩、平常心は身についていきます。

もちろん、順調には進まないことも多いでしょう。これまでの人生で身につけてきた、業、考え方、慢に引き戻されることもたびたびでしょう。

だからこそ、日々、諦めずに、簡単には変われない自分を受け容れながら、平常心で自分の心と向き合っていくことが大事なのです。そうすることで、少しずつ、平常心で心穏やかに生きることができるようになってまいります。

前に、平常心とは、何が何でも心を乱さないぞ、と頑《かたく》なになることとは似て非なる、と申しました。心が揺れたなら揺れたなりに、その揺れをうまく乗りこなして柔軟に、平静さへと立ち返ってくることも重要なのです。

心が喜怒哀楽へと揺れ動くとき、平常心を取り戻しつつ目の前のことに臨むためのヒントを、ここにいま一度、新たなポイントを加えつつまとめておきましょう。

①息を感じることに心の重心を置くことで、考えることにとらわれる比率を下げてやる。それにより、おのずから息が整うように。心の重心が息というニュートラルさに置かれることにより、「楽」が強化されて、自分の感情に対して客観視しやすくなるでし

よう。

②目的意識を離れて、単純な感覚の反復に没頭する。

③心がブレたら、そのブレを評価せずにモニタリングする。

④諸行無常と、観じる。

私たちは四六時中、あれか、これか、と迷って心乱れています。「仕事をつづけようか、転職しようか」「この人がいいのかな、別の人がいいのかな、やっぱりこっちの人がいい」などと。「A」と思いきや数時間後には「B」、翌日にはまた「A」と思ったり。こうして揺れ動いている間に決断をしたり、他人に意志を伝えたりしても、すぐにまた気分が入れ替わってしまい、その変化により私たちは選択を失敗した、と感じて苦しくなります。心が揺れ動いている間は、「どうせ諸行無常でまた入れ替わるんだから、いまだけはすごくあの人に会いたいと思っているみたいだけれど、取りあえずいまは行動せずに保留してもう少し様子をみておこう」といった具合に、見送るのが賢明です。心がA↓B↓C↓B↓A↓C↓……とコロコロ無責任に入れ替わってゆくのは、心の構造上、仕方ないことなので、心が「A」と思っていても本気にせず、「B」と思っていても本気にせず、「どうせまた変わるんでしょ」と受け流して保留していてやると、動じない平静さが保たれることでしょう。

⑤やがて来る死を意識化する。

私たちの感情が〈欲↕怒〉に揺らぐのは、ひとえに生存欲求ゆえのことです。

生老病死のところで述べたように、「いずれ必ず死ぬ、壊れてゆくんだ」と強くイメージしてやりますと、盲目的な生存欲求がシーンと静まり返って、心が安らぎます。「生きたい、死にたくない、壊れたくない、醜く老いたくない……」という衝動を和らげてあげたところに、「自」とは異なる「他」を受け容れる余裕、調和する余裕が出てまいります。

⑥快楽→苦のメカニズムを思い出す。

快感物質を脳内に分泌しすぎると、受容体《レセプター》に耐性がついて、かえって苦しくなるのであって、「快」は取り扱い注意のしろものだ、けっこう怖いものだ、と思い出してやる。私たちの脳が「快」と感じているものは、身体に負担を与える性質をも持っており、実は「苦」に他ならない。その事実を思い起こしてやると、ひたすらに「快」を求めて興奮しつづける心をいくらか静めてやることができるでしょう。

本書ではこれまで、手を替え品を替え、平常心のレッスンをしてまいりました。このレッスンは、単に文字として読むのに留まらず、実際に粘り強く粘り強く実践して、「エクササイズ」されるに至って、真価を発揮するものです。

読者諸氏の読書体験が、「平常心のレッスン」から「平常心のエクササイズ」へ移行することを願います。

この書籍の幕引きに当たって、繰り返し的な蛇足になることを承知で、最後に申し上げておきたいことがあります。平常心とは、「絶対に皿を割らない」ということではありません。皿を落として、割ることもあるかもしれない。そんなとき、皿が割れても、ぎょっとしたり悲しんだり「わあっ」と驚いたりせず、淡々と割れた破片を片付けることのできる、柔らかさ。そこに、平常心が宿っているのです。

もう、おわかりですね。「絶対に失敗しない」という頑なさは、壊れやすく、もろいものです。失敗は、する。けれども失敗に動じず、揺らがず、愉快に生きてまいりましょう。「ま、いっか」の精神で。

5章 平常心を身につけるための日々の習慣

焦らず、諦めず

日常生活で行う

瞑想のポイント

平常心で行う

瞑想中も気負わず
ゆったり取り組むことが一番大事

呼吸に心を結びつける

うまくいかず、雑念だらけの
自分も受け容れて、やり直す

電車のなかでもできる

移動中、スッと心を落ち
着かせることも可能

日常に取り入れたい

「目的、目標」のない行為、時間

咀嚼に心を結びつけて食べる

ながら食いはやめ、できるときだけでもやってみる

ストレッチ

痛みに向かって息を吸い込み、そこから息を吐き出す

書く

客観性を保って自分の心を書いて、
モニタリングする。イライラ日記も有効

歩く、泳ぐ、畑作業…etc.

「いまこの瞬間」を味わうように
心を結びつける

できない自分をも受け容れる

続かない自分、ダメな自分を
投げ出さない、拒絶しない

イラスト／カモ

小池龍之介 こいけ・りゅうのすけ
1978年生まれ、山口県出身。月読寺住職、正現寺住職。東京大学教養学部卒。2003年、ウェブサイト「家出空間」を立ち上げる。03年から07年まで、お寺とカフェの機能を兼ね備えた「iede cafe」を展開。現在は「正現寺」(山口県)と「月読寺」(東京・世田谷)を往復しながら、自身の修行と一般向けに瞑想指導を続けている。主な著書に『考えない練習』『ブッダにならう苦しまない練習』(以上、小学館)、『もう、怒らない』(幻冬舎)、『超訳　ブッダの言葉』(ディスカヴァー・トゥエンティワン)など。
家出空間 http://iede.cc/

朝日新書
318
平常心《へいじょうしん》のレッスン

2011年10月30日第1刷発行
2012年6月15日第8刷発行

著　者　小池龍之介

発行者　市川裕一
カバーデザイン　アンスガー・フォルマー　田嶋佳子
印刷所　凸版印刷株式会社
発行所　朝日新聞出版
〒104-8011　東京都中央区築地5-3-2
電話　03-5541-8832（編集）
　　　03-5540-7793（販売）

Published in Japan by Asahi Shimbun Publications Inc.
ISBN 978-4-02-273418-1
定価はカバーに表示してあります。

落丁・乱丁の場合は弊社業務部(電話03-5540-7800)へご連絡ください。
送料弊社負担にてお取り替えいたします。